Normbestätigung und Identitätsbalance

Über die Legitimation staatlichen Strafens

规范确认与同一性均衡

论国家刑罚的合法性

[德] 米夏埃尔·帕夫利克　著

Michael Pawlik

赵书鸿　译

法律出版社

LAW PRESS·CHINA

北京

图书在版编目（CIP）数据

规范确认与同一性均衡：论国家刑罚的合法性／（德）米夏埃尔·帕夫利克著；赵书鸿译. -- 北京：法律出版社，2024(2025.9 重印). -- ISBN 978－7－5197－9475－0

Ⅰ. D914.104

中国国家版本馆 CIP 数据核字第 2024KR3259 号

规范确认与同一性均衡

——论国家刑罚的合法性

GUIFAN QUEREN YU TONGYIXING JUNHENG

—LUN GUOJIA XINGFA DE HEFAXING

［德］米夏埃尔·帕夫利克 著

赵书鸿 译

策划编辑 张 岩

责任编辑 程鹏瑶

装帧设计 汪奇峰

出版发行 法律出版社

编辑统筹 重大项目办公室

责任校对 晁明慧

责任印制 吕亚莉

经　　销 新华书店

开本 787 毫米×1092 毫米 1/32

印张 4.875 **字数** 60 千

版本 2024 年 10 月第 1 版

印次 2025 年 9 月第 2 次印刷

印刷 北京建宏印刷有限公司

地址：北京市丰台区莲花池西里 7 号(100073)

网址：www.lawpress.com.cn

投稿邮箱：info@lawpress.com.cn

举报盗版邮箱：jbwq@lawpress.com.cn

销售电话：010－83938349

客服电话：010－83938350

咨询电话：010－63939796

书号：ISBN 978－7－5197－9475－0 **定价**：58.00 元

凡购买本社图书，如有印装错误，我社负责退换。电话：010－83938349

原著作者介绍

米夏埃尔·帕夫利克（Michael Pawlik）

当代德国著名刑法学家、法哲学家。德国弗莱堡大学刑法学与刑事诉讼法学研究所所长，刑法学、刑事诉讼法学与法哲学教席教授。帕夫利克教授的研究领域重点在刑法基础理论，其法哲学研究兴趣主要集中在17至19世纪，尤其是德国唯心主义哲学。帕夫利克教授近期代表作：《公民的不法》（Das Unrecht des Bürgers）。

译者介绍

赵书鸿

北京师范大学刑事法律科学研究院副教授，研究领域为德国刑法学基础理论。近期代表作：德文专著：Strafzumessung bei schwerer Kriminalität（Duncker & Humblot，2022）。英文专著：The Perpetrator-Victim Relationship（Springer, 2022）；Principle of Criminal Imputation for Negligence Crime Involving Artificial Intelligence (Springer，2024)。SSCI论文：IJO, 2019；JIV, 2021；MKS, 2016；德文期刊论文：MKS，2016；ZsTW, 2018。另在《中国法学》、《中外法学》、《政法论坛》发表中文论文若干。

中文版前言

今天,德国法学家已经习惯将他们的学科称为“法律科学”。这绝不是理所当然的事情。拉丁词*jurisprudentia*的意思确切来说并不是法律科学,而是法律智慧。直到18世纪,法律活动在德国很大程度上被理解为一种智慧学说,甚至被理解为一种善与公平的艺术(an ars boni et aequi)。只是随着康德(Kant)的出现和19世纪初的大学改革,大学不再被简单定义为高等教育机构,而是被定义为科学的场所,这促使德国法学家声称他们的工作是科学的。

在随后的两个世纪里,这一主张在思想上取得的成就达到了巅峰,其中一些成就现在可以在本系列出版物中以中国法学家自己的语言展现。然而,与此同时,对科学性的要求使法学家依赖于对“科学方法”公认的一般文化的理解,从而放弃了其对推理和决策实践部分定义的主导权。随着整个文化氛围的变化,在19世纪下半叶,以自然科学模式为导向的观点取代了黑格尔对科学的理解,黑格尔对科学的理解是建立在复杂的哲学体系概念之上的,刑法理论因此相应地发生了深刻的变化。尽管这个过程不可避免,而且在理性上富有成效,但它同样付出了相当大的代价。重要的见解丢失了,而随后又不得不在一个改变了的理论框架下费尽心思地重新获得。这些损失首先包括对人类行为交际特征的了解。每一个行动,包括犯了罪的行为人的行为以及对其进行判决的法官的行动,都具有表态(Stellungnahme)的性质。行为者参照规范,他要么确认规范,要么否认规范,从而参与到各种不同的社会交往系统中。每个系统都有自己的价值和评估标准——从道德到法律再到科学。

在本书中,我致力于介绍这种对行动的理解,然后将其应用于犯罪论、刑罚论以及刑事法律科学论证的过程。我反对将刑法片面理论化的观点,这种观点以稳固的人类行为学看问题的方法为特征,这是之前大多数体系性草案都具有的特征。因此,我在本书前面部分概述的概念,并不是黑格尔在早期希腊思想家阿那克萨戈拉(Anaxagora)那里所赞扬的"唯心主义",它并没有声称"精神"(Nous)(希腊语中的精神或理性)支配着世界。这样的话,倒不如说它追溯了从意识哲学,或者更一般地说,从精神哲学到语言哲学的转变,这种转变决定性地塑造了20世纪的思想。因此,这里的概念所要求的不外乎是确定一个特定的行动实践并研究其影响。与古典唯心主义相比,这一主张的要求大大降低了,这反映了——如果你愿意的话——对社会合理性标准可变性的务实洞见。有了这些标准,用实践性(和理论性)解释世界的正当化形象面临着生成和消亡。因此,每一种刑法理论都有它自己的时代:这里就是罗陀斯,就在这里跳吧(Hic Rhodus, his salta)。比如像这里提出的自由共和主义刑法理论已经完成了它大部分的职业生涯,根据福柯的一个著名形象,在可预见的未来,它将像沙滩上的脸一样被抹去。当然,在我看来,更好的东西还没有出现。因此,在这里向短暂的、也许已经消逝的公民自由的想法致敬,这或许并不失为一件好事。

我非常高兴能够向中国读者展示我的思考,同时也要感谢法律出版社愿意将我的书纳入他们的出版计划。此外,我尤其衷心感谢我的同事赵书鸿,他不仅承担了翻译工作,还与出版社取得联系,并不厌其烦地跟进整个出版过程。中德在刑事法律科学领域的合作——但最重要的是我个人对赵先生的感谢——简直是无法估量的。我希望本书的出版能够证明这一方面的努力是无比正确的,而且希望本书能够为中国刑法学者在自己的学术研究上提供启发。

米夏埃尔·帕夫利克

2022 年 12 月 22 日

杜塞尔多夫

目录

导　言

为了便于读者理解,译者通常会在导言部分重点介绍本书的主要内容。相反,我更愿在这部分就本书的理论背景给出更为详尽的论述。对习惯于轻松阅读的中国读者来说,相关的知识背景对理解这本书或许更具有决定意义。

在延续至今的关于刑罚目的的争议性讨论中,绝对论与相对论在历史上交替出现并相互否定了各自的刑罚合法性。① 尽管这一争论随着一体化理论的出现而暂告一段落,但超越单纯报应,预防与一体化

---

① Demko, Hegels Straftheorie im Lichte gegenwärtiger expressiver Straftheorien. in: Kubiciel/Pawlik/Seelmann (Hrsg.), Hegels Erben? 2017, S. 277.

的理论探究却至今仍在继续，这其中就包括在当今德语国家被广泛讨论的刑罚表达理论（expressive Straftheorien）。[①]

这一理论是将各种交往内容结合在一起强调刑罚的“表达功能”（expressive Funktion）。[②] 在这些交往内容中，刑罚的规范确认功能（Normbestätigungsfunktion der Strafe）和刑罚的否定功能（Missbilligungsfunktion der Strafe）在各种刑罚表达理论中具有决定的意义。刑罚理论据此可以分为以规范为导向的刑罚表达理论与以人为导向的刑罚表达理论。前者以雅克布斯（Jakobs）、弗里施（Frisch）和帕夫利克（Pawlik）为代表，[③]而后者以冯·赫希（von Hirsch），霍恩勒（Hörnle）和京特（Günther）

---

① Hörnle, Straftheorien, 2011, S. 15 ff.

② Kalous, Positive Generalprävention durch Vergeltuing, 2000; Andrissek, Vergeltung als Strafzweck, 2017, S. 53.

③ Jakobs, Strafrecht AT, 1993, S. 1 ff., 20 Rn. 27; Frisch, in: Schünemann u. a. (Hrsg.), Positive Generalprävention, 1998, S. 125ff., 139ff.; Pawlik siehe Pawlik, Person, Subjekt, Burger. Zur Legitimation von Strafe, 2004.

为代表。[①] 在这两种不同的刑罚表达理论中，作为交往内容的规范确认或社会伦理否认找到了不同的形式或者不同的重点。据此，刑罚的表达功能一方面借助规范，另一方面借助人尝试突破传统绝对论和相对论在刑罚正当性论述上的分离，而这客观上依赖于理论上将犯罪与刑罚置于交往这一特定的语境中。[②] 根据这种理解，犯罪与刑罚不应仅作为“客观事实”，影响并导致外部客观事实存在，比如被害人因犯罪受到的侵害，或者犯罪人因犯罪而受到监禁或罚金。相反，犯罪和刑罚应在人与人之间这个层面上表达、象征和展示其一定的意义。[③]

---

① Hörnle, Straftheorien. 2011. S. 36 ff.; Hörnle/von Hirsch, in: von Hirsch, Fairness, Verbrechen und Strafe: Strafrechtstheoretische Abhandlungen, 2005, S. 19 ff.; von Hirsch, in: Duff/Garland (Hrsg.), A Reader on Punishment, 1994, S. 115 ff.; siehe zudem Günther, in: Festschrift für Lüderssen, 2002, S. 205 ff., 216 ff.

② Demko, Hegels Straftheorie im Lichte gegenwärtiger expressiver Straftheorien. in: Kubiciel/Pawlik/Seelmann (Hrsg.), Hegels Erben? 2017, S. 279 ff.

③ Hamel, Strafen als Sprechakt. Die Bedeutung der Strafe für das Opfer. 2009. S. 34L; Kalous, Kalous, Positive Generalprävention durch Vergeltung, 2000, S. 188 f., unter Bezugnahme auf Jakobs' Straftheorie, S. 56 ff.

针对刑罚的表达理论，尽管黑格尔在其刑罚理论中并没有明确地提到刑罚的“交往”因素，但他同样把犯罪与刑罚置于规范与人这两个不同的层面来进行考虑，并把规范与人包括在对刑罚目的的探索中。另外，与刑罚的表达理论一样，黑格尔同样认为，通过刑罚扬弃的对法侵犯的重点并不是“恶”这一纯外在的存在，而是犯罪人一般意志与特殊意志之间的差异。① 因为只有在这种情况下，对法的否定才会找到它的积极存在。② 因此，黑格尔将以犯罪人一般和特殊意志为中介的某些意义的产生和表达联系起来，从而将其置于犯罪与刑罚的交流层面来进行正当化的说明。③ 在这一

---

① Hegel, Grundlinien der Philosophie des Rechts oder Naturrecht und Staatswissenschaft im Grundrisse, in：Moldenhauer/Michel（Hrsg.）, Werke, Bd. 7, 1986, §99（S. 188；Hervorhebung im Original）.

② Hegel, Grundlinien der Philosophie des Rechts oder Naturrecht und Staatswissenschaft im Grundrisse, in：Moldenhauer/Michel（Hrsg.）, Werke, Bd. 7, 1986, §99（S. 188；Hervorhebung im Original）.

③ Jakobs, Strafrecht, Allgemeiner Teil, 1993, S. 1 ff., 20 Rn. 27；zur Straftheorie von Frisch siehe Frisch, in：Schünemann u. a.（Hrsg.）, Positive Generalprävention, 1998, S. 125ff., 139ff.；zur Straftheorie von Pawlik siehe Pawlik, Person, Subjekt, Burger. Zur Legitimation von Strafe, 2004.

理解基础上，刑罚的表达理论与黑格尔的刑罚论事实上具有共同的范畴。① 根据黑格尔的刑罚理论，刑法、犯罪与刑罚意义的表达相互参照，相互对立，而其内容却相互否定。②

一、规范确认功能：黑格尔刑罚理论的论证

刑罚的恢复性功能，尽管在具体恢复什么，以及以什么方式恢复方面各有不同，但这一功能却是刑罚表达理论的一个重要因素。在以规范为导向的表达理论中，雅克布斯等对刑罚的恢复性更多强调了规范的确认，也就是肯定规范与维护法规范的有

---

① Demko, Hegels Straftheorie im Lichte gegenwärtiger expressiver Straftheorien. in：Kubiciel/Pawlik/Seelmann（Hrsg.）, Hegels Erben? 2017, S. 282.；Ramb, Strafbegründung in den Systemen der Hegelianer, 2005, S. 36.；Lesch, Der Verbrechensbegriff. Grundlinien einer funktionalen Revision, 1999, S. 90, 98 f.

② Jakobs, Strafrecht Allgemeiner Teil, 1993, S. 1 ff., 20 Rn. 27.；Demko, Hegels Straftheorie im Lichte gegenwärtiger expressiver Straftheorien. in：Kubiciel/Pawlik/Seelmann（Hrsg.）, Hegels Erben? 2017, S. 282.

效性。[①] 而在黑格尔的刑罚理论中,规范确认不仅与“否定之否定”的刑罚“客观合理性”有关,而且与作为“罪犯本身权利”的刑罚“主观合理性”有关。[②] 黑格尔认为这两方面的理由是一种互补关系,因为刑罚的客观理由涉及沟通的内容,即要“恢复”什么来达到目的,而刑罚的主观理由则从犯罪人身上找到并支持这种刑罚恢复的根据。因此,规范以及人与人之间的关系在黑格尔的刑罚表达理论中都发挥着重要的作用。[③]

---

① Jakobs, Strafrecht Allgemeiner Teil, 1993, S. 9 f. Rn. 11, S. 13 f. Rn. 14 ff.; Dutt, in: Schünemann u. a. (Hrsg.). Positive Generalprävention. 1998. S. 181 ff.; Fernberg. in: Duff Garland (Hrsg.), A Reader on Punishment. 1994. S – 73 ff.; Pawlik, Rückkehr zu Hegel in der neueren Verbrechenslehre? in: Kubiciel/Pawlik/Seelmann (Hrsg.), Hegels Erben? 2017, S. 247 ff.

② Hegel, Grundlinien der Philosophie des Rechts oder Naturrecht und Staatswissenschaft im Grundrisse, in: Moldenhauer/Michel (Hrsg.), Werke, Bd. 7, 1986, § 220.; Ramb, Strafbegründung in den Systemen der Hegelianer, 2005, S. 16 ff.; 31 ff.; Merle, Strafen aus Respekt vor der Menschenwürde, 2007, S. 96 f.

③ Demko, Hegels Straftheorie im Lichte gegenwärtiger expressiver Straftheorien. in: Kubiciel/Pawlik/Seelmann (Hrsg.), Hegels Erben? 2017, S. 286.

以规范为导向的规范确认功能，面临的批评主要集中在刑罚功能过于片面和一元化地关注规范自身的价值。[①] 这种过于片面的批评在黑格尔刑罚理论中表现为刑罚在“抽象法”方面的正当性过于片面，因此对刑罚形式内在价值的探索超出了对其他正当化要素的探索。[②] 比如，为了将对规范的“信任”视为刑罚正当性中人的要素，以规范为导向的表达理论强调刑罚要恢复被犯罪行为动摇的“信任”。[③] 或者在以人为导向的表达理论中，通过强调刑事判决所包含的针对某些人的谴责信息，来强调刑罚表达中人的要素。[④] 但对于刑罚的正当性，以规范为导向的表达理论认为，除规范层面的说明之外，人作为规范的信任者同样重要。这样的话，刑罚的正当

---

① Hörnle, Straftheorien. 2011, S. 31ff.; Koriath, in: Radtke u. a. (Hrsg.), Muss Strafe sein?, 2004, S. 56.; Calliess, in: Festschrift für Heinz Müller-Dietz, 2001, S. 99ff.

② Hörnle, Straftheorien. 2011, S. 63.

③ Jakobs, Strafrecht Allgemeiner Teil, 1993, S. 13 f. Rn. 15.; Hassemer, in: Hassemer, Strafen im Rechtsstaat, 2000, S. 201, 204, 208 f.; Silva Sänchez, in: Festschrift für Günther Jakobs, 2007, S. 86.

④ Hörnle, Straftheorien. 2011, S. 29.

性基于共同体成员以自己的方式相互信任，以及对他们共同创造的规范有效性的信任。[①] 刑罚由此要表达的是，与人共存的规范，应当被理解为通过刑罚表达的信任以及人对规范的确认。[②]

因此，规范作为沟通与联系的手段，确认规范应被理解为在共同体意义上建立的人与人之间的关系。作为规范沟通者而加入共同体的人，他不仅表达了对规范的确认，而且表达了对规范信任的确认。另外，从刑罚意义上理解共同体，共同体中的人不能仅被视为这个整体的从属部分，共同体必须认真对待其成员的人性以及作为共同体生活基础的人类尊严。[③] 这种以共同体为基础对刑罚的理解，事实上从刑罚的表达功能上

① Rawls, Eine Theorie der Gerechtigkeit, 1979, S. 626.; Jakobs, Strafrecht Allgemeiner Teil, 1993, S. 13 f. Rn. 15.

② Stratenwertb, Was leistet die Lehre von den Strafzwecken?, 1995, S. 272 ff.

③ Hassemer, in: Hassemer, Strafen im Rechtsstaat, 2000, S. 201, 204, 209 f.

摆脱了通常情况下借助刑罚谴责而发展出来的人的要素。[①]

针对规范的确认功能,黑格尔通过否定之否定进行了论证。黑格尔认为,犯罪与刑罚之间存在一种内在的、概念上认同的关系。犯罪消极地否定法,反过来必须由作为否定之否定的刑罚来反击,并通过刑罚对这种侵犯的扬弃表明真正的法显示其有效性并证明自己是"一种必要的中介存在"。[②] 但法的这种有效性,在黑格尔"法的恢复"中并没有被理解为"重建"的问题。[③] 黑格尔认为,"已经发生的对法的侵犯……确实是一种积极的、外在的存在,但它本身是无效的",这种"犯罪的表

---

① Demko, Hegels Straftheorie im Lichte gegenwärtiger expressiver Straftheorien. in: Kubiciel/Pawlik/Seelmann (Hrsg.), Hegels Erben? 2017, S. 290.

② Hegel, Grundlinien der Philosophie des Rechts oder Naturrecht und Staatswissenschaft im Grundrisse, in: Moldenhauer/Michel (Hrsg.), Werke, Bd. 7, 1986, § 97Z.

③ Hegel, Grundlinien der Philosophie des Rechts oder Naturrecht und Staatswissenschaft im Grundrisse, in: Moldenhauer/Michel (Hrsg.), Werke, Bd. 7, 1986, § 99.

达本身是无效的,这种无效性是犯罪效果的本质”。[①] 这就表明,法作为在犯罪之前和之后始终存在的内容,并没有因为犯罪而失去任何效力,因此它并不能通过严格意义的刑罚来“恢复”。相反,刑罚具有象征性的交流功能,其显示、确认和明确表达的正是这种在犯罪之前和之后都始终存在的法的有效性。[②] 由此可见,从黑格尔的刑罚理论中可以确定的是,法证明自己并显示其有效性,以及绝对不可撤销性,这并非实际意义上刑罚的规范“重建”,即恢复以前不再存在的法律,而是刑罚对规范的确认。[③] 事实上,黑格尔对法律、犯罪与刑罚之间关

① Hegel, Grundlinien der Philosophie des Rechts oder Naturrecht und Staatswissenschaft im Grundrisse, in: Moldenhauer/Michel (Hrsg.), Werke, Bd. 7, 1986, § 97Z.

② Hegel, Grundlinien der Philosophie des Rechts oder Naturrecht und Staatswissenschaft im Grundrisse, in: Moldenhauer/Michel (Hrsg.), Werke, Bd. 7, 1986, § 96.; Lesch, Der Verbrechensbegriff. Grundlinien einer funktionalen Revision, 1999, S. 93ff.

③ Demko, Hegels Straftheorie im Lichte gegenwärtiger expressiver Straftheorien. in: Kubiciel/Pawlik/Seelmann (Hrsg.), Hegels Erben? 2017, S. 291.

系的否定，在与交流内容相关的刑罚表达理论中找到了它的位置。另外，黑格尔刑罚理论中已经得到确定的规范确认因素，在雅克布斯为代表的刑罚表达理论中同样得到了重视，①而且在单纯的规范确认或者规范强化问题上也得到了进一步的深化。②

但是，对以规范为导向的刑罚表达理论，黑格尔的刑罚理论是否，以及是以何种方式与这种表达理论联系在一起的呢？对此，可以从刑罚正当性中的社会方面与刑罚面向现在和未来的方面来进行说明。比如，刑罚的正当性应当转向刑罚的现在和未来，但却并不必然依赖未来的经验，这不仅被雅克布斯的理论所强调，③而且在黑格尔的论证中同样可以看到。另外，尽管黑格尔考虑

---

① Hörnle, Straftheorien. 2011, S. 31.

② Hegel, Grundlinien der Philosophie des Rechts oder Naturrecht und Staatswissenschaft im Grundrisse, in: Moldenhauer/Michel (Hrsg.), Werke, Bd. 7, 1986, § 96.; Lesch, Der Verbrechensbegriff. Grundlinien einer funktionalen Revision, 1999, S. 82ff.

③ Jakobs, ZStW 107 (1995), S. 844.; Jakobs, Strafrecht Allgemeiner Teil, 1993, S. 13 Rn. 27.; Hörnle/von Hirsch, in: von Hirsch, Fairness, Verbrechen und Strafe: Strafrechtstheoretische Abhandlungen, 2005, S. 26ff.

到了刑罚的预防，但他对各种刑罚理论关注预防、威慑、改善等却明显持怀疑态度。① 尽管如此，黑格尔却并未将目光完全转向过去，他对刑罚正当性的论证同样为刑法的现在和过去提供了依据。② 根据黑格尔的论述，刑罚是轻缓还是严厉取决于各自现有的社会状态。③ 社会现有状态是“本身稳定的”还是“内在不稳定的”与“时代所处状态”有关。④ 在黑格尔看来，刑法“主要属于它的时代”，而且“其中的资产阶级社会状态……刑法不可

---

① Hegel, Grundlinien der Philosophie des Rechts oder Naturrecht und Staatswissenschaft im Grundrisse, in: Moldenhauer/Michel (Hrsg.), Werke, Bd. 7, 1986, § 218.; Seelmann. in: Seelmann/Zabel (Hrsg.), Autonomie und Normativität. Zu Hegels Rechtsphilosophie, 2014, S. 390 ff.

② Demko, Hegels Straftheorie im Lichte gegenwärtiger expressiver Straftheorien. in: Kubiciel/Pawlik/Seelmann (Hrsg.), Hegels Erben? 2017, S. 292.

③ Hegel, Grundlinien der Philosophie des Rechts oder Naturrecht und Staatswissenschaft im Grundrisse, in: Moldenhauer/Michel (Hrsg.), Werke, Bd. 7, 1986, § 96 Z.

④ Hegel, Grundlinien der Philosophie des Rechts oder Naturrecht und Staatswissenschaft im Grundrisse, in: Moldenhauer/Michel (Hrsg.), Werke, Bd. 7, 1986, § 218 Z.

能适用于所有时代……”[①]与此同时，黑格尔在论证刑罚的社会层面时同样论述了犯罪若不受刑罚处罚会产生社会衰退的危险。[②]

以社会为着眼点来论证刑罚正当性，黑格尔的刑罚理论既不能被理解为与过去相关的纯粹绝对理论，同样也不能被理解为纯粹的预防理论。相反，黑格尔的刑罚理论为以雅克布斯为代表的基于规范确信的刑罚表达理论的正当性开辟了道路，从而逾越了刑罚绝对论与相对论之间的对立。[③] 这一理论以共同体及其对规范有效性的信任为出发点，同时考虑了这种信任对生活在其中的人们在现在和未来

---

① Hegel, Grundlinien der Philosophie des Rechts oder Naturrecht und Staatswissenschaft im Grundrisse, in: Moldenhauer/Michel (Hrsg.), Werke, Bd. 7, 1986, § 218 und § 218 Z.

② Hegel, Grundlinien der Philosophie des Rechts oder Naturrecht und Staatswissenschaft im Grundrisse, in: Moldenhauer/Michel (Hrsg.), Werke, Bd. 7, 1986, § 96.

③ Demko, Hegels Straftheorie im Lichte gegenwärtiger expressiver Straftheorien. in: Kubiciel/Pawlik/Seelmann (Hrsg.), Hegels Erben? 2017, S. 294.

共存的事实。[①] 如果没有对刑罚规范确认的声明，用黑格尔的话来说，“考虑到现在（也对未来有危险），共同体将象征性地质疑自己及其存在至关重要的规范的有效性”。[②] 因此，刑罚对规范确认的宣告，所指的是尽管它是现在的声明，但它同时为未来的方向开辟了道路。

二、行为不法：协力维护自由状态义务的违反

犯罪与刑罚作为一种有意义的沟通，根据黑格尔的理解，行为是一种与法相关的“意义表达”，也就是与规范对抗的一种表达。[③] 从其他人格体来看，行为就是法具有可遵守性的实际声明，该行为可以归责于行为人。对此，帕夫利克认为，行为人通过其行为的客观目的性

---

① Demko, Hegels Straftheorie im Lichte gegenwärtiger expressiver Straftheorien. in：Kubiciel/Pawlik/Seelmann（Hrsg.），Hegels Erben? 2017, S. 294.

② Demko, Hegels Straftheorie im Lichte gegenwärtiger expressiver Straftheorien. in：Kubiciel/Pawlik/Seelmann（Hrsg.），Hegels Erben? 2017, S. 96.

③ Hegel, Philosophie des Rechts, hrsg. von Henrich, 1983, S. 106 f.

表达他如何评价所考虑行为选择的相对价值。[①] 作为公共领域的一种交流,行为代表一种共同实践形式的参与,其目的是维护一种自由状态。

对法秩序的维护,康德认为只能通过一个能够可靠地抵消人们内心倾向的国家权力机关网络来实现,而公民相向而行的动机结构并不重要。[②] 但是,正如费希特(Fichte)所指出的那样,要建立一个独立于公民道德的法律体系就必须建立一个"警察几乎知道每个公民每天每时每刻在哪里以及他在做什么"的国家。[③] 但是,这样的国家不仅会摧毁公民自由,还使国家的组织能力负担过重,而国家也会因为对监视的渴望而被完全窒息。[④] 因此,法秩序和社会秩序的稳定主要应归功于公民个人

---

① Pawlik, Normbestätigung und Identitätsbalance, 2017, S. 18.

② Kant, Zum Ewigen Frieden, AA Bd. 8, 1923, S. 366. – Im Einzelnen dazu Pawlik, JRE 14 (2006), S. 269 ff.

③ Fichte, Grundlagen des Naturrechts, Werke Bd. 3, 1971, S. 302.

④ 参见米夏埃尔·帕夫利克、赵书鸿:《作为违反协力义务报应的刑罚——论犯罪论的新范式》,载《中国刑事法杂志》2022 年第 5 期。

的守法习惯。[①] 对公民来说,守法只有成为他们的一种习惯,国家强制执行法秩序的成本才能被控制在从自由理论角度可以接受的框架内。自由国家之所以能够持续存在,事实上起着决定性作用的是:其公民大体上自由地服从法律以及违法行为是孤立现象。按照帕夫利克的理解,这就是他们作为现存法状态共同承担者责任的核心。[②]

正像帕夫利克所说的,人的每个行为都是一个交流事件。谁行动,谁就在沟通。[③] 行为代表了一种共同实践形式的参与,"它总是已经包含了对正确参与的规范控制判断的实践"。[④] "通过实际的活动,也就是通过行为,我决定了我自己,而决定我自己就意味着设定了一个差异"。[⑤] 因此,"想要就是选择"。[⑥] 作为自我决定的

---

① Pawlik,Das Unrecht des Bürgers,2012,S. 78.

② Pawlik,Das Unrecht des Bürgers,2012,S. 105.

③ Pawlik,Normbestätigung und Identitätsbalance,2017,S. 13.

④ Stekeler-Weithofer,Philosophie des Selbstbewußtseins,2005,S. 144.

⑤ Hegel,Grundlinien der Philosophie des Rechts,in:ders.,Werke,Bd. 7,1986,§ 4 Z (S. 47).

⑥ Rödig,Die Denkform der Alternative in der Jurisprudenz,1969,S. 97.

行为,每个行为对行为人来说同样是一种自我限制的行为。[①] 对公民来说,现代国家,以分工为主的原则限制了公民法律责任的范围。[②] 公民只有通过遵循适用于社会的行为规范才能维持一种自由状态。[③] 这种自由状态取决于公民是否按照针对他们的规范来行事。只有这样,国家及其公民才能联合起来确保自由秩序在某种意义上成为现实,公民才能因此实现他们的权利。对此,正如加兰德(Garland)所说,"法律代表了一个制度共同体的行为预期,法官代表了法律,而依法行动的公民则体现了法律的效力"[④]。公民遵守规范参与社会的交往活动依赖规范相对人相向而为的行为。对参与社会交往的公民来说,守法公民以与违法者相反的方式扮演其公民角色。对违法者来说,通过实施偏离规范秩序的单方

---

① Seel, Sich bestimmen lassen, 2002, S. 216.

② Hegel, Vorlesungen über die Ästhetik I, in: ders., Werke, Bd. 13, 1986, S. 241.

③ Schmidt/Zabel. Die Politik der subjektiven Rechte. RphZ 1 (2017), 125.

④ Garland, Kultur der Kontrolle, 2008, S. 92.

面有利于自己的规范,他违背了自己在协力维护现有自由状态的义务,从而破坏了他作为公民的角色。这就是帕夫利克所说的公民的不法。①

在以自律和自我实现为导向的文化中,刑法的任务是让每个人都能塑造自己的存在,但不会受到能够对自己造成严重恐惧和压迫的他人决定的影响。对一个国家来说,强制执行维护法秩序的成本只能被控制在一个从自由理论角度可以接受的限度内。② 在此前提下,自由国家之所以能够继续存在,是因为其公民大体上能够自由地服从共同理性的法,而违法行为仍然只是孤立的现象,这被帕夫利克视为公民对作为现存法状态共同承担责任的核心。③ 对公民来说,其公民身份与参与协力维护自由状态的义务是联系在一起的,犯罪事实上就是公民违反对法共同体的协力义务。④ 但是,公民这种协

---

① Pawlik,Normbestätigung und Identitätsbalance,2017,S. 39.

② Pawlik,Normbestätigung und Identitätsbalance,2017,S. 37.

③ Pawlik,Normbestätigung und Identitätsbalance,2017,S. 37.

④ Pawlik,Normbestätigung und Identitätsbalance,2017,S. 37.

力义务的范围仅限于为维护自由状态所必需的情况。公民维护自由状态的协力义务与自由的理念证明了刑法规范的有效性。[①]

三、基本结论

以规范为导向的刑罚表达功能理论,一方面借助规范,另一方面借助人尝试突破传统绝对论和相对论在刑罚正当性论述上的分离,而这依赖于理论上将犯罪与刑罚置于交流的语境中。

刑罚的正当性基于共同体成员的相互信任,包括对他们共同创造的规范有效性的信任。刑罚由此要表达的是,与人共存的规范,应当被理解为通过刑罚表达信任和人对规范的确认。

作为一种与法相关的"意义表达",行为就是与规范对抗的一种表达。行为人通过其行为的客观目的性表达他如何评价行为选择的相对价值。作为公共领域的

① Pawlik, Normbestätigung und Identitätsbalance, 2017, S. 41.

一种交流,行为代表了一种共同实践形式的参与,其目的是维护一种自由状态。

在以自律(Autonomie)和自我实现为导向的文化中,刑法的任务是让每个人都能够塑造自己的存在,但不受他人严重恐惧和压迫的影响。对公民来说,其公民身份与参与协力维护自由状态的义务是联系在一起的,犯罪就是公民违反了其协力维护法共同体自由的义务。

赵书鸿

2023 年 5 月于弗莱堡

Ⅰ.行　　为

1. 贝多芬和歌德的表现

1812 年 7 月，歌德（Goethe）和贝多芬（Beethoven）在波希米亚疗养胜地特普利茨有过几次会面。这些会面之所以广为人知，主要归功于贝蒂娜·冯·阿尔尼姆（Bettina von Arnim）转述的一则轶事。① 当这两位伟人一起散步时，皇帝的朝臣们陪伴着皇后和公爵们向他们走来。贝多芬于是对歌德说："你挽着我的手臂继续走吧，他们必须给我们让路，而不是我们给他们让路。"歌

① 我遵循 Romain Rolland, Goethe und Beethoven, 1999, p. 48 ff. 的描述（我把这本精彩的书中的参考资料归功于兰伯特·布米勒先生）。

德既不同意这一点,也觉得这样做不舒服。他从贝多芬的手臂中挣脱出来,脱了帽子站在一边,而贝多芬则双臂交叉在公爵们之间走来走去。像许多美好的轶事一样,这个轶事几乎不像真的。即使它的历史真实性值得怀疑,它也给人留下充分的想象空间。你可以从字面上看到贝多芬和歌德在你面前:一边是革命者,正如罗曼·罗兰所说,处于不断战斗的状态,铭记着他的信念,即世界上有许多国王,但只有一个贝多芬,严峻地穿过公爵们的方阵,因为他们愿意为他让路。而在另一边,魏玛的枢密大臣,他在人与人之间的生活是"一种永恒的回撤"①,他在路过的皇后面前深深低下的头,要是没有贝多芬的不羁行为,或许会稍微高一些。

然而,我关心的并不是对比两个截然相反的人物和世界观,而是关心从他们的交锋中可以学到的行为概念。这就是歌德和贝多芬的共同点:他们的行为方式不是我们大多数人处理日常事务的随意方式,而是一种高

① Rolland, Goethe und Beethoven, 1999, S. 52.

度反思的、旨在成为榜样的方式。他们每个人都面临着众多行为选择。他作出这个决定并不是一时心血来潮，而是基于压倒一切的价值标准，他觉得在他自我形象的背景下必须遵守这些标准，[①]而且如果有需要，他可以对它给出更为详细的论证。[②]

不受自己的冲动、欲望、需求和动机的摆布，而是与它们保持距离，并根据原因评估和影响它们的体验，简而言之：能够中断这些直接冲动的影响，然后对其深思熟虑，是人类实践意义视域的基本环节。[③] 诚然，大多数日常行动的要求都是在根深蒂固的行为模式的帮

---

① 在此背景下，Taylor，Negative Freiheit?，1988，S. 19 ff.；Honnefelder，Was soll ich tun，wer will ich sein?，2007，S. 24 ff。

② Nida-Rümelin，Über menschliche Freiheit，2012，S. 30；Pippin，Die Aktualität des Deutschen Idealismus，2016，S. 414 f.

③ Borsche，in：Simon（Hrsg.），Distanz im Verstehen，1995，S. 244 ff.；Gabriel，Sinn und Existenz，2016，S. 290 f.；Honnefelder，Was soll ich tun，wer will ich sein?，2007，S. 17；Nida-Rümelin，Strukturelle Rationalität，2001，S. 17，75f.，144f.，151；ders.，Über menschliche Freiheit，2012，S. 82；ders.，Philosophie und Lebensform，2009，S. 153；Rehbock，in：List/Stelzer（Hrsg.），Grenzen der Auto-nomie，2010，S. 160；Taylor，Das sprachbegabte Tier，2017，S. 60 f.

助下得到满足的。然而,这种模式在情境中的应用也表达了一种特殊的人类对适当的感觉、一种普遍的和习惯化的洞见,如果不谈到理由,那么这是不可想象的。①

如果没有深思熟虑的能力,并使其在行为上有效,今天被高度重视的自我决定②就没有价值了。③ 决定某个人意味着规定其行为的内容,从而对其进行支配。④自我决定的概念也被赋予"命令和服从的等级关系"。⑤自我是根据大多数人的模式来理解的,这种模式下,他们在一个人的"领导"和另一个人的"服从"下实现独立活动。⑥ 如果我们仅仅意识到当下是什么在推动我们,

---

① Dreyfus/Taylor, Die Wiedergewinnung des Realismus, 2016, S. 154; Nida-Rümelin, Über menschliche Freiheit, 2012, S. 59.

② 关于这一中心思想目前的突出地位及其话语战略功能,参见 Krähnke, Selbstbestimmung, 2007, pp. 67 ff., 132 ff.。

③ Honnefelder, Was soll ich tun, wer will ich sein?, 2007, S. 17, 115 ff.; Schramme, DZPhil 59 (2011), 881.

④ Fisch, Das Selbstbestimmungsrecht der Völker, 2010, S. 26.

⑤ Gerhardt, Selbstbestimmung, 1999, S. 339.

⑥ Gerhardt, Selbstbestimmung, 1999, S. 339.

那么这种权威就会丧失，而且人类的行为就会回到单纯的自然状态。

在行动的个人方面，“我应该做什么？”的问题与“我想成为谁？”的问题之间存在不可分割的联系，[①]我将在演讲结束时再谈这个问题。[②] 然而，就其作为人格性表达的性质而言，行动也是一种交流，因此也是一种社会事件。对于语言行为的特殊情况，这一点自弗雷格(Frege)[③]以来就很明显，但最迟发生在维特根斯坦(Wittgenstein)反对私人语言[④]可能性的论证之后。[⑤] 尽管作为演讲者，我可以决定使用哪些音调或书面字符，以及以何种方式组合它们。[⑥] 然而，这些符号的意义以

---

① Honnefelder, Was soll ich tun, wer will ich sein?, 2007, S. 18 ff.

② Unten S. 71 ff.

③ Taylor, Das sprachbegabte Tier, 2017, S. 214 ff.

④ Wittgenstein, Philosophische Untersuchungen, § § 255 ff., in: ders., Werkausgabe, Bd. 1, 1984, S. 360 ff.

⑤ Vgl. nur Davidson, Probleme der Rationalität, 2006, S. 308; Taylor, Das sprachbegabte Tier, 2017, S. 177.

⑥ 在这方面，“没有什么不能说的，也没有什么可以说的”(Bourdieu, Was heißt sprechen?, 1990, S. 16)。

及它们之间的联系，在很大程度上是由我所参与的社会实践所预先确定的，[①]我从童年起就被“训练”成这样。[②]这同样也适用于其他所有的行为。[③] 作为揭示某些观念、价值和思想的“文本”，[④]它们的具体意义归功于语言生成的、预先确定模式的可用性。[⑤] 只有在双重意义上有语言能力，即能够把握普遍性的人，他才有可能在行为之前深思熟虑，提出理由并进行权衡。[⑥] 为了弄清楚呈现在他面前的行为的可能性，一方面他必须给他的

---

① Taylor, Das sprachbegabte Tier, 2017, S. 217.

② So die harte Charakterisierung durch Wittgenstein. Vgl., Wittgenstein, Philosophische Untersuchungen, § § 255 ff., in: ders., Werkausgabe, Bd. 1, 1984, § § 5 f. (S. 239 ff.).

③ 同样，从社会学的角度来看，参见 Luckmann, Theorie des sozialen Handelns, 1992, S. 103。

④ Skinner, Visionen des Politischen, 2009, S. 14.

⑤ Hampe, Die Lehren der Philosophie, 2014, S. 315; Kaiser, Widerspruch und harte Behandlung, 1999, S. 86; Seel, Aktive Passivität, 2014, S. 245; Stekeler-Weithofer, Philosophie des Selbstbewußtseins, 2005, S. 97, 183, 411; Sturma, in: Kühler/Rüther (Hrsg.), Handbuch Handlungstheorie, 2016, S. 202.

⑥ Vgl. Seel, Aktive Passivität, 2014, S. 25.

个人感知和经验一个概念性的理解，即把它们理解为一般事物的代表。① 另一方面他必须能够运用普遍的、超出具体个别事件的、具有普遍效力的规范来对这些可能性进行评估。②

只有当行为者成功地将他的个人意图转化为一种普遍物的形式时，他才有可能使他的行动、他的价值标准以及最终他的自我形象为他人所理解。正如美国哲学家唐纳德·戴维森（Donald Davidson）所表明的那样，我们能够理解别人，是因为我们能够看到某种来自我们自身思维能力方式的东西在他们身上发生作用。③ 只有当解释者能够认识到另一个人在很大程度上是理性的，他才能把任何思想赋予那个人，或者通过参照后者的目的和信仰来解释那个人的行为。④ 解释者所应用的标准

---

① Davidson, Subjektiv, intersubjektiv, objektiv, 2013, S. 9.

② Honnefelder, Was soll ich tun, wer will ich sein?, 2007, 16; Stekeler-Weithofer, Philosophie des Selbstbewußtseins, 2005, S. 315.

③ Davidson, Probleme der Rationalität, 2006, S. 200 f.; ders. Subjektiv, intersubjektiv, objektiv, 2013, S. 159.

④ Davidson, Probleme der Rationalität, 2006, S. 175.

总是他自己的。[①] 这使得解释他人的行为从根本上来说是有风险的。然而，解释者能够将另一个人的行为在总体上解释为是有意义的，这是因为双方都在同一个世界里，对世界有同样的思考方式。[②] 即使我们的体验和理解的情况永远不会完全一致，但它们在某种程度上是一致的，从而在大多数情况下能够实现足够准确的相互理解。[③] 但这种理解所参照系统的兼容性是因为其不是个人创造的，而是社会生产的。社会的依存越弱，相互理解就越不可能和越困难，甚至达到完全不理解的程度。

将自己的行动定位于至少在某种程度上可以理解的社会原因之上的能力，就是道德和(刑)法在谈到意志

---

① Davidson, Probleme der Rationalität, 2006, S. 76 f. ,99,129 ff. , 136,200 f. , 266 f. , 308 f. ; ders. , Subjektiv, intersubjektiv, objektiv, 2013, S. 257, 355 f. ; ders. , Wahrheit, Sprache und Geschichte, 2008, S. 481 ff.

② Davidson, Subjektiv, intersubjektiv, objektiv, 2013, S. 183 f. , 210; Searle, Die Konstruktion der gesellschaftlichen Wirklichkeit, 1997, S. 196 f. – Näher dazu unten S. 20 f.

③ Luckmann, Theorie des sozialen Handelns, 1992, S. 35.

自由时的含义。[1] 一方面,只有那些在这种意义上具有自由意志的人,才能按照这个词的完整含义进行活动。[2] 正如理性和非理性不是经验性发现而是规范性概念一样,[3]自由意志也不是一个生物学事实,而是文化赋予过程的产物。[4] 因此,呈现意志自由的要求也是可以按照其实践语境予以划分的。[5] 由于行为人年纪小,根据刑法标准认为不是其自由实施的行为,因此被认为是纯粹的自然行为;根据教育学的理解,这种行为可以被视为一种显著的人格表达,因此也是一种行为。另一方面,赋予自由意志的后果在结构上是相同的,而且其影响深远:只有对于那些世界解读模式与动机方案与他们社会环境的解读在规定的最低程度上兼容的人,道德和刑法才会保证他们的行动自由,而不只是被动地要求他们对违

---

① Näher Gabriel, Sinnund Existenz, 2016, S. 385 f. ; Pawlik, Das Unrecht des Bürgers, 2012, S. 281 f.

② Brandom, Expressive Vernunft,2000, S. 359.

③ Davidson, Probleme der Rationalität, 2006, S. 316.

④ Ebenso Möllers, Die Möglichkeit der Normen, 2015, S. 371 ff.

⑤ Nida-Rümelin, Strukturelle Rationalität, 2001, S. 141 f.

法行为负责。[①] 其他人从一开始就要或多或少接受有影响深远的他人的管理。

哲学上,自维特根斯坦的后期哲学以来,言说被理解为行为,因此语言理论被理解为行为理论的一部分,[②] 这已成为哲学中的一个普遍现象。我将在稍后的发言中回到这一点。[③] 从那时起,这一发现的范围一直在不断扩大;只要比较一下奥斯汀(Austin)和塞尔斯(Searles)的语言行为论中对语言相对传统的理解,[④]以及加拿大哲学家查尔斯·泰勒(Charles Taylor)最近提出的论点,即人

---

① Gärditz, Staat und Strafrechtspflege, 2015, S. 34 f.; Jakobs, Das Schuldprinzip, 1993, S. 34 f.; ders., in: Schleim u. a. (Hrsg.), Von der Neuroethik zum Neurorecht, 2009, S. 259 ff.; ders., ZStW 117 (2005), 261 f.; Pawlik, Das Unrecht des Bürgers, 2012, S. 282 f.

② Vgl. Wittgenstein, Philosophische Untersuchungen, §§ 255 ff., in: ders., Werkausgabe, Bd. 1, 1984, § 23 (S. 250). 对于法律方法论,这一见解首先由弗里德里希—穆勒及其学派取得了丰硕成果。Vgl. etwa Müller/Christensen, Juristische Methodik, Bd. 1, 11. Aufl. 2013, S. 223 ff.; Müller/Christensen/Sokolowski, Rechtstext und Textarbeit, 1997, S. 25 f.; Müller, Syntagma, 2012, S. 54.

③ Unten S. 61 f.

④ Austin, Zur Theorie der Sprechakte, 2. Aufl. 1994, S. 28 ff., 35 ff.; Searle, Sprech-akte, 6. Aufl. 1994, S. 24 ff., 29 ff.

类自我表达的所有形式(尤其是非语言形式)都构成语言。[①] 我想更进一步表明的是,每一个行动都是在呈现交往性的事件。行动者,就是沟通者。他在公共领域的自我决定,必要情况下可能需要给出理由。[②] 作为“类的实践理性”(praktische[n] Vernunft der Gattung)[③]的缩影,提出和要求理由的这些制度上的多样化社会实践集合体,形成了黑格尔所说的“客观精神”(objektiver Geist)[④]

---

① Taylor, Das sprachbegabte Tier, 2017, S. 478.

② Ebenso Jakobs, Der strafrechtliche Handlungsbegriff, 1992, S. 27; ders., in: Frisch u. a. (Hrsg.), Lebendiges und Totes in der Verbrechenslehre Hans Welzels, 2015, S. 263; Nida-Rümelin, Strukturelle Rationalität, 2001, S. 13, 77, 151; ders., Philosophie und Lebensform, 2009, S. 105, 133, 153. – Aus der älteren Literatur sei verwiesen auf Max Weber, Schriften zur Wissenschaftslehre, 1991, S. 61 und Gehlen, Der Mensch, 13. Aufl. 1986, S. 32.

③ Köstlin, Neue Revision der Grundbegriffe des Criminalrechts, 1845, S. 23.

④ random, Wiedererinnerter Idealismus, 2015, S. 73, 302; Pinkard, in: Halbig/Quante/Siep (Hrsg.), Hegels Erbe, 2004, S. 276 ff.; Pippin, Die Verwirklichung der Freiheit, 2005, S. 124; ders., Die Aktualität des Deutschen Idealismus, 2016, S. 90, 142 f.; Seel, Aktive Passivität, 2014, S. 15 f.; Stekeler-Weithofer, Philosophie des Selbstbewußtseins, 2005, S. 28f., 62f.; ders., Eine Kritik juridischer Vernunft, 2014, S. 11 ff., 38.

的独立和动态的社会空间。

2. 一切规定都是否定

到目前为止,我在很大程度上依赖我对行为概念论述的直觉说服力。现在我想尝试把它固定在一个广泛的哲学体系中。然而,为了实现这个目的,我必须深入到现代本体论的核心:一直到斯宾诺莎(Spinoza)的公式,即一切规定都是否定(omnis determinatio est negatio)。

黑格尔称赞这句话是一个"伟大的命题"[①],他解释如下:"任何一个被规定的东西都是有限的东西,一个被规定的东西也就在自身中包含了否定,他的本质就在于否定。"[②]这句乍一看很难懂的话,其实就是一个简单的想法。它表达了任何事物(不仅是概念内容,还有事实和属性)可以成为某种有规定东西的意义,即通过让自

---

① Hegel, Vorlesungen über die Geschichte der Philosophie III, in: ders., Werke, 1986, Bd. 20, S. 164.

② Hegel, Vorlesungen über die Geschichte der Philosophie III, in: ders., Werke, 1986, Bd. 20, S. 164.

己与其他有如此规定的东西明确地区分开来,并排斥他者。① 因此,黑格尔将否定的概念从其对陈述的传统限制中分离出来,并将其转变为本体论原则。② 思想有一定的内容,世界以一定的方式构成,我们对此只能从它们排除了哪些可能性这一问题来理解;③这样的话,一切存在都"只能被理解为是实在性与否定性的结合"。④

黑格尔对具体否定的理解意味着,不仅是整体的认识论,⑤而且是整体的本体论。⑥ 没有任何对象是就其

---

① Brandom, Wiedererinnerter Idealismus, 2015, S. 181; Taylor, Das sprachbegabte Tier, 2017, S. 40 f.

② Grundlegend Henrich, in: Horstmann (Hrsg.), Seminar: Dialektik in der Philosophie Hegels, 1978, S. 214 ff.

③ Brandom, Wiedererinnerter Idealismus, 2015, S. 193.

④ Henrich, in: Horstmann (Hrsg.), Seminar: Dialektik in der Philosophie Hegels, 1978, S. 215.

⑤ Davidson, Probleme der Rationalität, 2006, S. 42 f., 161 f., 236; 309 f.; ders., Wahrheit und Interpretation, 1990, S. 226; ders., Subjektiv, intersubjektiv, objektiv, 2013, S. 168, 212 ff.; Taylor, Negative Freiheit?, 1988, S. 42 f.

⑥ Näher Seel, Sich bestimmen lassen, 2002, S. 89 ff.; ferner Gabriel, Sinn und Existenz, 2016, S. 75.

自身成其所是的，因此，规定性毋宁说是一个理性的、涉及具体对象与其他对象关系的概念。① 因此，有规定的存在，黑格尔将其称为“定在”(Dasein)，就是对单纯无规定性存在的必然否定或进一步规定。而有规定的存在是借助特殊的否定方式，也就是借助黑格尔所称的“他在”(Anderssein)而得到规定的。②

根据黑格尔的说法，否定的行为也是人类判断和意志行为的构成要素。然而，人的判断与意志行动与无精神定在的区别就在于，与一种无差别的如此存在(So-Sein)的决裂并不只是发生在它们内部，而是具有否定的自我指涉的更复杂的结构。③ 虽然根据黑格尔的例子，石头不能逾越它的边界是“因为它不是它的边界”④，

① Pippin, Die Aktualität des Deutschen Idealismus, 2016, S. 208.

② Pippin, Die Aktualität des Deutschen Idealismus, 2016, S. 197 f.

③ Caspers, „Schuld“ im Kontext der Handlungslehre Hegels, 2012, S. 79 f.

④ Hegel, Wissenschaft der Logik I, in: ders., Vorlesungen über die Geschichte der Philosophie III, in: ders., Werke inzwanzig Bänden, hrsg. von Moldenhauer/Michel, 1986, Bd. 5, 1986, S. 145.

但人却知道自己是这个边界的设置者。通过他的概念活动,他可以确定什么是属于一起的,而什么是应该分离的,①以及在他面对的行动选择中,他打算采取哪一种。② 因此,按照黑格尔的说法,决定行为的意愿并不是与思维不同的东西,而是思维的一种特殊方式:“思维将自身转化为定在,作为赋予自身存在的动力。”③人不仅要忍受生活,而且要引导生活。当然,这样做的后果,对石头来说是命运,对人来说则是由他自己作出的选择以及他自己要为之承担责任的决断之产物。

即使是最简单的判断(“桌上有一本红色的书”)也不是简单地通过一个知觉的插曲从作出判断的人那里获得的。用美国最重要的新黑格尔主义者之一的罗伯特·皮平(Robert Pippin)的话来说,通过作出这样的判断,我毋宁说“否定了感知内容纯粹的直接性或给定性,

---

① Pippin, Die Aktualität des Deutschen Idealismus, 2016, S. 120 ff.

② Caspers, „Schuld“ im Kontext der Handlungslehre Hegels, 2012, S. 75 ff.

③ Hegel, Grundlinien der Philosophie des Rechts, in: ders., Vorlesungen über die Geschichte der Philosophie III, in: ders., Werke, 1986, Bd. 7, 1986, § 4 Z (S. 47).

否定了它是直接的和假定给定的,并对存在的东西采取一种态度"①。正如我们所看到的那样,与奔涌而来的倾向和愿望保持距离构成了行为概念的要素,②这也被证明是黑格尔范畴中的一个否定的实例。③ 通过对其冲动的反思,意志"将自己作为简单的主体性置于其多样化的内容之上"④,从而否定了一种绝不停歇的、冲动的生活方式,转而支持一种深思熟虑的生活方式。"由于我在实践地活动着、意味着,我行为着、规定着,而规定我,也就意味着,设定一种差别。"⑤当我决定选择实现某种可能性,也就意味着我排除追求其他的东西。⑥ "意愿即

① Pippin, Die Aktualität des Deutschen Idealismus, 2016, S. 407.

② Oben S. 8.

③ Pippin, Die Aktualität des Deutschen Idealismus, 2016, S. 408.

④ Hegel, Enzyklopädie der philosophischen Wissenschaften III, in: ders., Vorlesungen über die Geschichte der Philosophie III, in: ders., Werke, 1986, Bd. 10, § 476 (S. 299).

⑤ Hegel, Grundlinien der Philosophie des Rechts, in: ders., Vorlesungen über die Geschichte der Philosophie III, in: ders., Werke, 1986, Bd. 7, § 4 Z (S. 47).

⑥ Rödig, Die Denkform der Alternative in der Jurisprudenz, 1969, S. 95 ff.; Stekeler-Weithofer, Philosophie des Selbstbewußtseins, 2005, S. 38 f.

是选择。"[1]作为一种自我决定的行为，每个判断和每个行动也是一种自我限制的行为。[2] 然而，个人在进行这种自我决定时（至少是隐含地）知道其他选择是向他开放的。因此，有意识地拒绝其他选择的能力是自由判断和行动的一个基本条件。[3]

在哲学史，甚至刑法行为论的历史中，意志消极的一面通常被忽视或至少被低估。[4] 然而，如果行为仅被描述为"人类有目的的活动"，将其理解为仅为实现先前设定的目的而行为，那么对行为的描述是不完整的。[5] 行动的决定与所有其他对象之间没有什么不同：它们不仅通过从行动者积极实现的东西中获得其特定的轮廓，而且从他由此排除的东西中获得特定的轮廓。只有同

---

① Rödig, Die Denkform der Alternative in der Jurisprudenz, 1969, S. 97.

② Seel, Sich bestimmen lassen, 2002, S. 216.

③ Borsche, in：Simon (Hrsg.), Distanz im Verstehen, 1995, S. 244 ff.; Möllers, Die Möglichkeit der Normen, 2015, S. 144; Seel, Sich bestimmen lassen, 2002, S. 270.

④ Seel, Sich bestimmen lassen, 2002, S. 279.

⑤ Welzel, Abhandlungen zum Strafrecht und zur Rechtsphilosophie, 1975, S. 129.

样存在对未实现备选方案的一种洞见，才有助于我们充分理解采取行动的决定意味着什么，即如何理解和评价行为人作出的自我决定。

行为人否定了他本能性冲动在其意志决定中的直接意义，但黑格尔具体否定的实践开拓力并没有因这种洞见而枯竭。在他对执行这一决定情况的分析中，它再次发挥作用。作为自我实现，黑格尔确信，行为同时也是“自我否定”①：当行为人开始在公开和能够公开争论的行动中表达他的意图时，他就丧失了自己对这一行为的性质和意义的唯一处置权要求；②相反，他的主观目的在积极实施的那一刻变成了“为了其他而存在”③。尽管，个别行为人可以在他私人运用时坚持使用对他来说受用的情景阐释，但是，一旦他要向外宣示这种阐释时，

---

① Pippin, Die Aktualität des Deutschen Idealismus, 2016, S. 235 f.

② Pippin, Die Aktualität des Deutschen Idealismus, 2016, S. 235 f.; Caspers, „Schuld“ im Kontext der Handlungslehre Hegels, 2012, S. 220 f.

③ Caspers, „Schuld“ im Kontext der Handlungslehre Hegels, 2012, S. 228.

他就必须为了第三人给这种阐释包裹上可以理解的论证语言。① 然而，他不能要求这种解释，在他个人自我理解的范围之外能够得到普遍的承认。②

行为具有刑法意义的内容主要是由行为人事先形成的意图决定的。这可能是威尔兹尔(Welzel)留给当今德国刑事法律科学最重要的遗产。这种观点是不正确的，因为它忽略了黑格尔所承认的“主观意志自身异己化是其行为的客观性”③(Sich-Fremdwerden des subjektiven Willens in der Objektivität seines Tuns)。④ 根据黑格尔的说法，行为论中重要的不是主观的目的，而是——用波鸿哲学家贝蒂娜·卡斯帕斯(Bettina Casper)所创造的一对术语来说——客观的目的性与客观的意图。⑤ 因

---

① Oben S. 10 f.

② Luckmann, Theorie des sozialen Handelns, 1992, S. 38 f.

③ Caspers, „Schuld“ im Kontext der Handlungslehre Hegels, 2012, S. 113.

④ Ebenso Jakobs, Der strafrechtliche Handlungsbegriff, 1992, S. 27 ff.

⑤ Caspers, „Schuld“ im Kontext der Handlungslehre Hegels, 2012, S. 18 f., 440.

此,行为意义的内容不能由一种内省或"坦诚测试"[①]来确定,而必须在实施该行为的具体社会共同体中来达成。[②]

后者触及了黑格尔行为概念的最后一个核心方面。作为一个思维者——正如我们所见——按照黑格尔的说法,一个自愿行动的人同样也是一个思维者[③]——个人将特定的适当性和普遍性主张与他做出的自我决定联系起来。[④] 认知判断应该提供关于所指对象的真实情况信息:"这本书的封面是红色的,而不是绿色的,它在桌子上而不是在书架上,这是正确的"。意志决断回答了这样一个问题:从行为人的角度来看,应该如何正确处理有关的情况。例如去露天游泳池而不是去听讲座,这是对夏季高温的适当反应。因此,黑格尔强调,一项

---

① Pippin, in: Halbig/Quante/Siep, Hegels Erbe, 2004, S. 308.

② Pippin, in: Halbig/Quante/Siep, Hegels Erbe, 2004, S. 311; ebenso Jakobs, Norm, Person, Gesellschaft,3. Aufl. 2008, S. 95 f. ,112 f.

③ Oben S. 15.

④ Vgl. Borsche, in: Simon (Hrsg.), Distanz im Verstehen, 1995, S. 248; Seel, Sich bestimmen lassen, 2002, S. 49.

行动始终需要参照具有相当性的一般规范,[①]而这些规范本身受制于其他主体的解释和判断。[②]“由于我现在行为,于是我就在定在中、在客观性的要素中设定了一种变化。这种要素现在是一般的、有效的意志,而这种意志是通过法律宣示出来的。我的行为因此始终与法律有一种本质的关联”[③]。

根据黑格尔的理解,行为是一种与法律相关的“意义表达”(Sinnausdruck)[④],在某种程度上,从其他主体的角度来看,它表现为法律具有可遵守性的实际声明,这

---

① Hegel, Vorlesungen über Rechtsphilosophie 1818 – 1831, hrsg. von Ilting, Bd. 3, 1974, S. 344; ders., Die Philosophie des Rechts, hrsg. von Hoppe, 2005, S. 104 f.

② Caspers, „Schuld" im Kontext der Handlungslehre Hegels, 2012, S. 113, 181 ff., 276, 441.

③ Hegel, Philosophie des Rechts, hrsg. von Henrich, 1983, S. 106 f.

④ 这个词是由威尔兹尔引入刑法术语的,第 130 页;它通过雅克布斯获得了目前的突出地位。Vgl. etwa Jakobs, Der strafrechtliche Handlungsbegriff, 1992, S. 26 f.; ders., in: Neumann/Schulz [Hrsg.], Verantwortung in Recht und Moral, 2000, S. 63. Übernommen wird Jakobs' Begriffsverständnis von Caspers. Caspers, „Schuld" im Kontext der Handlungslehre Hegels, 2012, S. 181, 250.

种行为可以归责于作为主体的行为人。更为普遍地说，行为人通过其行动的客观目的表明，他如何评价和考虑各种行为可能性的相对价值。鉴于一种按照不同的方向延续的世界状态，行为人宣称："这种延续的方案要优先于那种。"所以在决定自己的行为和评价对方行为的时候，歌德和贝多芬都非常清楚，相碰撞的不是一个粗人和一个世俗的人，而是两种不同社会观念的碰撞。贝多芬将传统的社会等级制度与另一种荣誉进行金字塔对比，金字塔的顶端不是高贵的贵族，而是才华横溢的艺术家。歌德必须对这种评价表明立场，他也确实这样做了：通过强调自己站在现有秩序这一边，他顺便但毫不含糊地拒绝了贝多芬的革命抱负。[①]

3. 行为说明的多样性

存在（Sein）总是特定的存在。[②] 根据黑格尔的说

---

① 在此之后，顺便说一下，他多年来根本没有提到贝多芬（Rolland, Goethe und Beethoven, 1999, S. 55）。

② Oben S. 13 f.

法,非特定的(“纯粹的”)存在与(“纯粹的”)“无”(Nichts)是不可区分的,并且就其本身而言也等同于“无”。[①] 由于这个原因,每个对象只能在某种描述下存在,根据波恩哲学家马库斯·加布里尔(Markus Gabriel)的术语,也就是在某个意义领域(Sinnfelder)。[②] 在相关意义领域之外,它根本不作为这个具体的对象存在。[③] 而相关的规定只能由有判断能力的存在者作出,即能够作出“A 是 B 的情况”这样陈述的人。因此,我们能够指涉某些对象,是由我们自己决定的。

然而,现实(Wirklichkeit)的概念依赖我们对现实的言说,这并不表明现实本身——世界——也依赖我们的言说。[④] 正如法兰克福哲学家马丁·西尔(Martin Seel)

---

① Hegel, Wissenschaft der Logik I, in: ders., Werke, S. 83.

② Gabriel, Sinn und Existenz, 2016, S. 39, 163 f., 174, 224 f., 249.

③ Gabriel, Sinn und Existenz, 2016, S. 173, 303, 369.

④ Searle, Die Konstruktion der gesellschaftlichenWirklichkeit, 1997, S. 168 ff.; Seel, Sich bestimmen lassen, 2002, S. 106 ff.; Gabriel, Sinn und Existenz, 2016, S. 174 f., 183; Müller, Syntagma, 2012, S. 30 ff.; Müller/Christensen, Juristische Methodik, Bd. 1, 11. Aufl. 2013, S. 248.

提醒我们的那样,现实的概念并不受其被规定而存在(Bestimmtsein),而是受其可被规定性(Bestimmtbarkeit)的约束。“现实存在意味着可以被规定,而不是被决定,不是仅仅被我们的规定所决定”。[①] 如果我们阐释所依据的意义领域不仅仅是凭幻想,那么,我就不能听凭爱好来为自己建构意义领域。

相反,意义领域必须以这样一种方式来规定,那些对我们事关重大的对象——无论在什么方面——也必须显现在意义领域的对象中。出于这样的目的,意义领域也就必须考虑现实性本身的反抗,无论我们是否理解它,但是,我们每行走一步都能——往往是足够痛苦地——感受到它。[②] 与其说我们是世界的创造者,不如说我们是“世界的开拓者”(Welterschließder)。[③]

---

① Seel, Sich bestimmen lassen, 2002, S. 113.

② Müller/Christensen, Juristische Methodik, Bd. 1, 11. Aufl. 2013, S. 248.

③ Dreyfus/Taylor, Die Wiedergewinnung des Realismus, 2016, S. 299.

根据波鸿宗教哲学家理查德·舍弗勒(Richard Schaeffler)的优美公式,我们的认知是一种"回应性的形态"①,我们对世界的解释是我们与世界之间的"共同产品"②。然而,我们永远无法全面审视这个世界的现实性本身,而往往只能从世界的个别方面对其加以审视或者甚至话语性地(diskursiv)——并由此排除了其他观点——加以把握它;③伽达默尔(Gadamer)称这是世界在各种语言世界中经历的"语言阴影"④。世界永远要比我们对它的言说更丰富。⑤ 人们可能会将这种立场称

---

① Schaeffler, Erkennen als antwortendes Gestalten,2014.

② Dreyfus/Taylor, Die Wiedergewinnung des Realismus, 2016, S. 175; in diesem Sinne auch Müller/Christensen, Juristische Methodik, Bd. 1, 11. Aufl. 2013, S. 248 f.

③ Dreyfus/Taylor, Die Wiedergewinnung des Realismus, 2016, S. 296; Fish, Das Recht möchte formal sein,2011,S. 233; Gabriel, Sinn und Existenz, 2016, S. 251,282,438; Searle, Die Konstruktion der gesellschaftlichen Wirklichkeit, 1997, S. 179 f.

④ Gadamer, Wahrheit und Methode,6. Aufl. 1990, S. 451 f.

⑤ Seel, Sich bestimmen lassen, 2002, S. 106 ff.,164 ff.; ders., Aktive Passivität, 2014, S. 73 ff.

为马丁·西尔[①]的温和的实在论，德雷福斯（Dreyfus）和泰勒[②]的多元的实在论，或者我更愿意将其称为反映式的实在论。

所有这些同样适用于我们称之为行动的话语实践对象。作为公共领域的交流性，即有意义的表态，行为和语言表达都可以被质疑其正确性——可以广义理解为对某一情况的处理是否正确——然后得到赞同或受到批评。[③]在这方面，行为代表了一种对共同实践形式的参与，“这种共同的实践形式总是已经包含了对参与的正确性进行规范性评估的实践（Kontrollbeurteilung）”[④]。这种评估基于社会上大多数人所拥有的评估模式。[⑤] 此后，一

---

① Seel, Sich bestimmen lassen, 2002, S. 119, 133.

② Dreyfus/Taylor, Die Wiedergewinnung des Realismus, 2016, S. 285.

③ Oben S. 12 f.

④ Stekeler-Weithofer, Philosophie des Selbstbewußtseins, 2005, S. 144.

⑤ Vgl. Geuss, Kritik der politischen Philosophie, 2011, S. 59; Möllers, Die Möglichkeit der Normen, 2015, S. 33; Seel, Sich bestimmen lassen, 2002, S. 51.

个相同的行为可能会被称为一次绝妙的射击（Meisterschuss），一次早该采取的恢复被亵渎家庭荣誉的措施，也是一场谋杀。然而，基本的评价方案并不只，甚至不主要决定有关行为的“正确性”。由于行为是一个有意义的设定，但是这种意义是以所援用的评估模式为准的，所以一个不透明的事件只能被描述为相对于那种模式的行为。①

行为本体论上的个体化原则——它们的意义——也是它们在某一意义领域的显现。就其一般存在论上的地位而言，行为在这方面与原子化合物或 DNA 的结构没有区别。然而，恰当的行为意义领域必须具有这样的性质：它允许将考虑到的事件描述为关于竞争性行为可能性价值的态度；因此，它必须被规范地构成。意义的自然主义模式一开始就没有抓住行为作为交往性态度的特定意义。就此而言，把向情敌开枪这样的事实描述为身体运动或神经支配的结果固然没有错；但是，在理解“行为”这

---

① Näher Müller/Christensen, Syntagma, 2012, S. 192 ff.

一社会现象时,这样的描述是错位的。就像意志自由的行为预设[1]一样,一个行为的特定意义不能被还原为单纯的自然性,而应该是一种真正的文化现象。[2]

由于存在大量不同的文化意义领域,其中一些领域是和平共处的,但也有一些领域是相互竞争的,就像我举的名誉杀人的例子一样,所以不存在一个单一的行动的意义,而是有许多的行为意义。[3] 有多少种对意义的描述,就有多少种对行动的描述,而且由于个别行为不能存在于对其的描述之外,故也就有多少种不同的行为。因此,被描述为绝妙射击的行为(Vorgang)与被描述为谋杀的行为是不同的行为。为了证实上述描述,有必要依靠不同构成的信息束(Informationsbündel)。

---

① Dazu oben S. 11 f.

② Im Ergebnis wie hier Jakobs, System der strafrechtlichen Zurechnung, 2012, S. 20; Möllers, Die Möglichkeit der Normen, 2015, S. 32 f.

③ Davidson, Subjektiv, intersubjektiv, objektiv, 2013, S. 216 f.; Dreyfus/Taylor, Die Wiedergewinnung des Realismus, 2016, S. 154; Jakobs, Norm, Person, Gesellschaft, 3. Aufl. 2008, S. 50.

在近几十年来的刑法基础讨论中，本体论和规范论[①]之间的对立被大肆吹捧，但根据这里的观点，这种对立崩塌了。只要刑法规范主义必须坚持并反对一种在方法论和内容上都值得批评的本体论思维表达形式——目的论[②]，那么对这种冲突的描述就可以理解了。与之相反，这里行为相当性意义领域的本体论已经被纳入规范主义的核心关切——对刑法意义赋予的真正社会性质的承认(Sinnzuschreibungskategorien)。[③] 然而，与此同时，它也抵御了本体论上无所依托的建构主义的危险，这包括在归属(Zuschreibung)的迷宫中找不到出路，要么迷失于自我关涉，要么在没有充分理论保证的情况下贸然地与现实性发生关联。因此，这里提出的概念的基本信念是：刑事法律科学中，没有本体论是行不

① 雅克布斯第一版教科书的序言。wiederabgedruckt in：Jakobs, Strafrecht Allgemeiner Teil,2. Aufl. 1991, S. VII.

② 我在弗里施等人中对威尔兹尔进行了总结性的评价。in：Frisch u. a. (Hrsg.), Lebendiges und Totes in der Verbrechenslehre Hans Welzels,2015, S. 1ff.

③ Vgl. nur Jakobs, Strafrecht Allgemeiner Teil, 2. Aufl. 1991, S. VII.

通的;但本体论必须是这样一种本体论——它吸纳了黑格尔及其最近解释者们的核心洞见,而不是一种落后于他们(像目的行为论)的本体论。

4. 行为的哲学与刑法学概念

与刑法有关的评价方案是刑法典而不是别的。因此,实施刑法意义上的行为意味着,对相关刑法规范产生的义务采取立场,无论是同意——通常情况下是这样的——还是拒绝。① 从今天德国刑法教义学的角度来看,这样一个苛刻的行为概念无疑显得很奇怪,因为它已经习惯于将行为理解为一种受自然意志或某种方式影响的活动。② 像所有的概念性定义一样,这种对行动

---

① Grundlegend Jakobs, Der strafrechtliche Handlungsbegriff, 1992, S. 27 ff. ,41 ff.

② Beispielhaft Schönke/Schröder/Eisele, Strafgesetzbuch, 29. Aufl. 2014, Vorbem. § § 13ff. , Rn. 37ff. ; Frister, Strafrecht Allgemeiner Teil, 7. Aufl. 2015,8/1ff. ; Kühl, Strafrecht Allgemeiner Teil,7. Aufl. 2012, § 2 Rn. 1ff. ; Wessels/Beulke/Satzger, Strafrecht Allgemeiner Teil,43. Aufl. 2013, Rn. 93.

的理解也是有其历史的，而且让人怀疑它是否会被视为刑法智慧的最终定论（das letzte Wort）。

这里的行为概念基本上与19世纪最后几十年主导德国刑法思想的概念相吻合。[①] 随后，该概念成了对一般犯罪论产生深远影响的方法论和内容重新定位的牺牲品。古斯塔夫·拉德布鲁赫（Gustav Radbruch）在他1904年出版的非常有影响力的教授资格论文中抱怨道，苛刻的行为概念并没有分析价值。[②] 根据拉德布鲁赫的说法，对犯罪特征进行"系统性分类"的任务只能通过这样一种方式来完成，即一个概念"通过一连串的划分性涵摄判断，其他一些概念作为其类型和亚种被归入"[③]。

---

① Näher von Bubnoff, Die Entwicklung des strafrechtlichen Handlungsbegriffes von Feuerbach bis Liszt mit besonderer Berücksichtigung der Hegelschule, 1966, S. 36 ff., 52 ff.; Caspers, „Schuld" im Kontext der Handlungslehre Hegels, 2012, S. 400 ff.; Pawlik, Das Unrecht des Bürgers, 2012, S. 288 ff.

② Radbruch, Der Handlungsbegriff in seiner Bedeutung für das Strafrechtssys-tem, 1904 (ND 1967), S. 88.

③ Radbruch, Der Handlungsbegriff in seiner Bedeutung für das Strafrechtssystem, 1904 (ND 1967), S. 9.

这种做法的必然后果是,相关概念的内容越来越空洞化。用恩斯特·卡西尔(Ernst Cassirer)的话来说,我们在这个过程的帮助下建立了概念金字塔——"在顶端终止于'某物'的抽象概念,这个概念同时在其包罗万象的存在中完全被抽空了任何具体的意义,这样的话,任何思想内容都属于它"。[①] 对拉德布鲁赫来说,这个"某物"就是行为的概念。尽管它代表了犯罪论中最高的通用概念,所有其他犯罪特征——构成要件该当性、违法性和有责性——都只是其属性的名词而已,[②]但正因为如此,它同时也是所有刑法概念中最无色的一个。因此,根据拉德布鲁赫的观点,关于行为,除它是一种具有任何内容的意志性的肢体活动之外,没有其他可以说的了。[③] 在拉德布鲁赫这里,概念形成的方法与概念的自

---

① Cassirer, Substanzbegriff und Funktionsbegriff, in: ders., Gesammelte Werke, hrsg. von Recki, Bd. 6, 2000, S. 4.

② Radbruch, Der Handlungsbegriff in seiner Bedeutung für das Strafrechtssystem, 1904 (ND 1967), S. 71.

③ Radbruch, Der Handlungsbegriff in seiner Bedeutung für das Strafrechtssystem, 1904 (ND 1967), S. 129 f.

然主义内容是相辅相成的。

然而,拉德布鲁赫抽象化建构概念的方法,其作用和解释力相当有限。这个抽象化的过程以默认观点为基础(petitio principii),也就是忽略现有差异并从不同对象的集合中提取其共同特性,而这只有那些在进行抽象行为之前已经认识到并承认这些共同点是相关的,并且只有理解该概念的人才有可能做到。事实上,他已经拥有了他正在寻找的概念。在拉德布鲁赫的作品发表仅六年后,恩斯特·卡西尔就强调:“我们不是从摆在我们面前的多样性中提炼出任何抽象的部分,而是把它们视为由一个强有力的法则所连接,为其成员创造的一种清晰关系。”[①]如果不默认通过某种关系把从抽象性中提取的概念元素联系起来,并凭借这种关系进行排序,那么抽象性就会一直没有方向,也会失去控制。[②]“但是‘概念’并不是从它推导出来的,而是被预想到的,因为

① Cassirer, Substanzbegriff und Funktionsbegriff, in: ders., Gesammelte Werke, hrsg. von Recki, Bd. 6, 2000, S. 19.

② Oben S. 23.

当我们为多样性赋予其元素的顺序和联系时,我们已经预设了它,即使不是它的最终形式,但至少是它的基本功能。”①用克里斯托夫·西格瓦特(Christoph Sigwart)这位拉德布鲁赫最重要的参考文献作者之一的话来说,想要通过抽象形成一个概念就是在“借助眼镜寻找戴在你鼻子上的眼镜”②。

拉德布鲁赫的方法证实了这一发现。一方面拉德布鲁赫之所以能够如此抽象,是因为他从一开始就预设了——这是错误的,正如我在前面所表明的那样③——行为概念应在自然意义上理解,因此其内容是异常空洞的。如果拉德布鲁赫与传统一样假定行为与自然事件存在质的不同,那么他所走的抽象化道路就不会向他开放。因此,拉德布鲁赫所践行的抽象程序,只能将默认预设的犯罪内容代入一个适当的审查顺序中。另一方

---

① Oben S. 16.

② Zitiert nach: Cassirer, Philosophie der symbolischen Formen, in: ders., Gesammelte Werke, hrsg. von Recki, Bd. 11,2002, S. 250 f.

③ Oben S. 22.

面,这种抽象化的方法在宪法上无法回答这样一个问题:为什么正是在这种排列中的要素构成了犯罪的概念。它不能否认的是其对象的统一性、同一性,因为它总是晚一步。[①] 然而,在这样做的时候,它没有完成刑事法律科学最终应该避免的任务。

恩斯特·卡西尔将抽象化的方法与概念形成的模式进行了对比,根据这种模式,概念形成的目标不在于扩大其普遍性,而在于增加其明确性。[②] 精神的工作并不致力于将一个内容置于另一个内容之下,而是作为具体但无差别的整体,在方法论的指引下进一步具体化。[③] 这样一来,黑格尔主义有条不紊的策略——根据内容而不是抽象的杂技来发展概念——在刑事法律科学中被推到一边并最终被克服的那一刻,这种策略在哲学上得到了恢复,非同时性的同时性就是一个例子,但这并不

① Pawlik, Das Unrecht des Bürgers, 2012, S. 152 f. m. w. N.

② Cassirer, Philosophie der symbolischen Formen, in: ders., Werke, Band 11,2002, S. 251.

③ Oben S. 255.

完全有利于刑法学者。

然而,我不想就此止步,因为德语区犯罪论的最新发展,特别是行为理论,是从一种概念形成的方法出发的,而这种方法在其最初出现时在哲学上已经过时了。此外,应该指出的是,今天的教义并没有无视那些根据19世纪前自然主义刑事法律科学排除行为存在的因素——特别是无归责能力、外在强制(äußere Gewalt)和认识错误,而只是将它们转移到审查过程的后续阶段。因此,今天被认为属于决定性的归责前提条件与莱因霍尔德·科斯特林(Reinhold Köstling)或赫尔施纳(Hälschner)所要求的前提条件一样重要。在这方面,即使按照今天的理解,违法有责的犯罪人也会对适用于他的义务采取立场。因此,以下关于刑罚论的考虑是否具有说服力,并不取决于人们是否同意这里提出的回到一个包容性行为概念的要求,也不取决于人们是否倾向于将行为概念的各个要素(Momente)划分到犯罪构成的各个阶段。即使在当今流行的犯罪论的基础上,在刑罚理论方面也有理性的余地。

Ⅱ.不法行为

1.作为有条件声明的犯罪不法

根据到目前为止的说明,刑法意义上的不法行为(Unrechttun)是由那些对影响自己的刑法义务采取立场的人实施的。如果按照客观社会标准,行为表明愿意履行此义务,那么该行为就是合法的。然而,一般来说,相关的立场不会像从贝多芬和歌德那里看到的那样夸张。没有人在辛苦工作一天后,烦躁而疲惫地在人群中穿梭,也没有人在诱人的百货商店陈列品前漫步,认为不出手或不把自己喜欢的东西装进口袋,就是对故意伤害和入室盗窃的刑法规范采取了立场。然而,相应的解释并不等于脱离行为人生活现实的纯粹虚构的归责

(Zuschreibung)。个人通常不会向他人实施暴力攻击,也不会通过盗窃来满足自己的占有欲,这是因为守法行为实际上已经成了这个人的第二天性。[①] 法秩序和社会秩序的稳定主要归功于这种习惯化。[②] 因此,将它们的表现解释为支持法秩序的声明(Stellungnahmen)是有充分根据的。

相反,如果行为人的声明是否定的,那么就存在刑事不法。更准确地说:刑事不法在于,行为人以一种反规范来对抗现行刑法规范秩序,并通过其行为表明,该反规范优先于法规范。[③] 根据这一概念,行为人对权力的表达,即他对他人意志所施加的胁迫,被理解为对规范性方案的实施。也就是说,除被解释为对现行规范秩序的反对外,不能以任何其他方式合理地解释为对犯罪人同样具有决定性意义的方案。这种规范性的自我提

---

① Oben S. 8.

② Pawlik, Das Unrecht des Bürgers, 2012, S. 78 m. w. N.

③ Grundlegend Jakobs, Der strafrechtliche Handlungsbegriff, 1992, S. 41 ff., 59 ff.; zuletzt ders., System der strafrechtlichen Zurechnung, 2012, S. 13 ff.

升,或者更好的说法是行为人的规范假定,在于其行为具有额外的意义,这证明除根据民法可能承担赔偿义务之外,让他承担刑事责任是合理的。

然而,将犯罪行为解释为有条件的声明也面临着来自现象学上的合理质疑。它似乎赋予普通犯罪意义,而从行为人的角度来看,它们根本就不应该有这种意义。例如,如果你问一个盗窃者他盗窃的原因,你通常会得到这样的答案:他想得到他所拿的东西,而不是为了做任何形式的声明。

我不否认这种自我解释的真实性。然而,它并不约束行为人的社会环境。① 内涵因使用的估价方案不同而各异。从刑法的具体角度来看,值得关注的不是盗窃者的需求结构与他个人快乐或不快乐的平衡,而应关注其行为所表达的与法秩序的关系。② 因此,盗窃者的行为

① Oben S. 17. – Ebenso Jakobs, Rechtszwang und Personalität, 2008, S. 32.

② Übereinstimmend Jakobs, System der strafrechtlichen Zurechnung, 2012, S. 20.

在刑法中是作为两种行为选择之间的声明出现的,其中一种被刑法认定为合法,而另一种,即盗窃者所选择的,则被认定为不合法。当然,上述解释不能以其他宣称的方式强加给行为人,而是必须充分考虑行为人的具体情况。因此,刑法中的归责理论并不把行为人看作抽象的公民,而是将其视为具有某些能力的具体个体,而且,他不是无限制地,而是在规范的有效范围内使用这些能力,以便以符合法律的方式应对特定的情况。①

然而,即使在这样的澄清之后,读者仍可能会有这样的印象:这里提出的解释以一种不恰当的方式将刑法事件戏剧化了,就像用高射炮打蚊子一样。一方面,如此认为的读者肯定会接受这样的说法,即盗窃者选择了一种以牺牲他人利益为代价的行为方式,而作为一个理性的、正常社会化的公民,他必须知道这在法律上是不被允许的。另一方面,这里关于犯罪人的形成和反规范的论述,在这些读者看来是对犯罪人预言性的

---

① Näher Pawlik, Das Unrecht des Bürgers, 2012, S. 299 ff.

夸大。[①] 罪犯并不想通过他的行为宣告一个新的原则，而是相反，他想突破一个对他不利的原则，否则维护这个原则对他来说非常重要。[②] “他（犯罪人）当然是在攻击法律制度，因为他的行为有责地违反了法律，但我可以在某种激进的社会主义中找到对财产制度的根本敌意，而不是在盗窃或诈骗中”——这就是阿道夫·瓦赫（Adolf Wach）在 1873 年对上述反对意见的总结。[③] 不过，在我看来，这种担忧很容易被打消。

首先，应该记住，行为人不是因其一般的坚信（So-Sein）而受到指控，而是因其具体行为受到指控。在瓦赫眼中，坚持无政府主义的社会主义者，对资产阶级财产秩序的拒绝已经成为一种坚定的立场。因此，尽管瓦赫关于绝大多数罪犯没有这种态度的看法是正确的，但

---

① Exemplarisch Oppenheimer, The Rationale of Punishment, 1913, S. 213.

② Beispielhaft Flechtheim, Hegels Strafrechtstheorie, 2. Aufl. 1975, S. 102.

③ Wach, GS 25 (1873), 453.

它并不适用于这里提出的概念。唯一的问题是,要判断的具体个人行为具有什么样的规范意义。

这里的回答是基于这样一种洞见,即绝对个别的东西与绝对普遍的东西一样难说。个体是无法言说的(Individuum est ineffabile),正如每个判断者都将某个个体视为一般事物,例如一张桌子、一条狗或一个人①一样,每个行为都包含一个关于行为对象的一般性陈述。②因此,即使从刑法的角度来看,盗窃者也是将他的具体受害人视为一般的事物。③ 人在法律上的一般地位是指人格体(Person)。④ 尊重他人意味着尊重他们的权利。反过来说,侵犯他人的法律地位就是将其作为人格体来攻击他。因此,盗窃者表示,他将受害人纯粹看作一种资源,他可以随心所欲地利用它来满足自己的欲望。这

① Oben S. 18.

② Hegel, Philosophie des Rechts, hrsg. von Henrich, 1983, S. 87.

③ Hegel, Grundlinien der Philosophie des Rechts, in: ders., Werke, Bd. 7,1986, § 100 (S. 190).

④ Oben § 35 (S. 93).

正是他对受害者的具体侵犯，而这种侵犯不能通过单纯的赔偿金来消除。[①] 一般来说，犯罪人把另一个人——这个受害人——当作一个东西，而不是一个人格体。[②] 更确切地说：他赋予自己决定他人何时应被视为人格体以及何时应被视为物的权力。如果人们与柏林法学理论家克里斯托夫·默勒斯(Christoph Möllers)一样将规范理解为积极评价的可能性，[③]那么这一发现也可以表述为：盗窃者受规范的引导，根据这种规范，他偶尔将他人视为物的自我授权属于积极评价，因此其行为是被允许的。

然而，行为的意义只有通过行为变体 A 与非 A 这样的组合才能完全展现。[④] 通过上述的自我赋权，犯罪

---

① Anderson, in: Hudson (Hrsg.), Technology, Morality und Social Policy, 1998, S. 216; Köhler, Der Begriff der Strafe, 1986, S. 47; Schmidt, Strafe und Versöhnung, 2012, S. 144 ff; Zimmermann, Verdienst und Vergeltung, 2012, S. 119, 123.

② Hegel, Grundlinien der Philosophie des Rechts, in: ders., Werke, Bd. 7, 1986, § 95 (S. 182); ders., Vorlesungen über Rechtsphilosophie 1818–1831, hrsg. von Ilting, Bd. 3, 1974, S. 299 f.

③ Möllers, Die Möglichkeit der Normen, 2015, S. 125 ff.

④ Oben S. 16 f.

人也对禁止以这种方式对待他人的刑法规定表达了拒绝的态度——按照默勒斯的说法，也可以说他制定了一个矛盾的规范。[①] 而这种单独的规定反过来又是整个（刑事）法律秩序的一个组成部分。因此，拒绝服从它意味着违反整个法秩序，[②]即以“不”来反对它，或者更专业地说，以反规范来反对它。用哥伦比亚格言家尼古拉斯·戈麦斯·达维拉（Nicolás Gómez Dávila）的讽刺性评论来回应这种推论似乎很诱人：“复杂化是人类至高无上的特权。”[③]然而，同一作者回答说：“不复杂的就是错误的。”[④]说得更严肃些，在刚刚概述的推论中，没有任何不必要的复杂或甚至深奥的东西。相反，我们追求的是一种真正的哲学关注：揭示我们思想和行为结构的

① Köhler, Der Begriff der Strafe, 1986, S. 48 f.; Primoratz, Banquos Geist, 1986, S. 34 f.; Schmidt, Strafe und Versöhnung, 2012, S. 129 f.

② Hegel, Vorlesungen über Rechtsphilosophie 1818 – 1831, hrsg. von Ilting, Bd. 3, 1974, S. 661.

③ Gómez Dávila, Einsamkeiten, 1987, S. 76.

④ Gómez Dávila, Einsamkeiten, 1987, S. 25.

深层结构。正如黑格尔所说,这些结构"本能地、无意识地渗透在我们的精神中",因此"保持着非客观的、不被观察的"[①]状态,从而使我们能够更好地理解我们自己和我们的社会实践。

但是,将刑事不法解释为拒绝现行规范秩序的观点,能否真正断言它能够解释当今的文化自我理解呢?尽管引用了黑格尔所有的提法,但它最终并没有将刑事不法还原为宾丁(Binding)[②]举例说明的理解:反叛,即拒绝服从当局的意志?这难道不是无可救药地纠缠在专制国家的语言中吗?[③] 这种语言在宾丁时代可能符合时代精神,但却远远不能满足当今个人主义和批评制度的基本情绪——至少无法满足在其形成意见的时代的

① Hegel, Wissenschaft der Logik I, in: ders., Werke, Bd. 5, 1986, S. 30.

② Vgl. Binding, Die Normen und ihre Übertretung, Bd. 1,3. Aufl. 1916, S. 98. – Näher zu Bindings Unrechts-und Straftheorie Pawlik, in: Kubiciel u. a. (Hrsg.), Karl Binding: Normtheoretiker, Rechtspositivist, Strafrechtsdogmatiker (im Erscheinen).

③ In diesem Sinne zuletzt Demko, in: Kubiciel u. a. (Hrsg.), Hegels Erben?,2017,S. 286 m. w. N.

文化精英们的情绪。

正如我将在下文表明的那样,这些假设是错误的。这里的构想并没有反动的倾向。相反,它认为自己满足了英国法哲学家安东尼·达夫(Antony Duff)提出的要求,即用真正的公民刑法模式取代以臣民(Untertan)形象为导向的刑罚理论。[①] 达夫认为,臣民和公民都受到法律的约束,但其约束的性质不同。臣民受制于一个不属于他们自己的法律,他们必须服从他人的意志。而公民受制于他们自己的法律,即他们自己帮助定义的共同体法律的约束。在法律的要求下,他们因此面对的是自己公民身份(Identität)的实体化。[②] 这些都是大话。那么它们在日常刑法理论中又是如何体现的呢?

---

① Duff, in: Claes u. a. (Hrsg.), Punishment, Restorative Justice and the Morality of Law, 2005, S. 125.

② Duff, Punishment, Communication, and Community, 2001, S. 56 ff., 80 ff.

2. 作为违反协力义务的刑事不法

众所周知，哲学家的基本态度是惊讶（Staunen）。根据散文家亨宁·里特尔（Henning Ritter）的一句话，他与其他人的不同之处在于，他不能无视某些事物。[①] 他的同胞们理所当然地接受的事情刺激了他，从而成为一个对他而言需要解释的问题。一个法哲学家会惊奇于什么呢？他明白，规范性的组织形式蕴藏着相当大的风险。[②] 由于规范以标识选项——规范的履行与规范的违反——开始，[③]因此这些选项剥夺了其对象的必然性，而且突出了其自身的可被违反性。[④] 这样的话，从一个对此思虑的法哲学家的角度来看，令人惊奇和需要解释的首先是这样一个事实，即尽管规范性的形式容易遭到违反，但它被证明是成功的。法哲学家问道，通过法来驯

---

① Henning Ritter, Notizhefte, 2010, S. 326.

② Nida-Rümelin, Philosophie und Lebensform, 2009, S. 123,138 f.

③ Möllers, Die Möglichkeit der Normen, 2015, S. 368.

④ Oben S. 153.

服权力不仅构成了文学著述和滔滔不绝宣言的主题，而且可以——无论多么不完善——在社会现实中贯彻自己，这怎么可能呢？从这种惊奇中成长起来的法哲学，用黑格尔的术语来说，不仅关注法的概念，而且关注法的理念（Idee）："被塑造为一个世界现实的自由。"[①]据此，法哲学家不能满足于对法律应当（soll）是什么样子提出主张；相反，他还必须处理法如何赢得和保持其形塑现实力量的问题。

康德仍然坚信，法秩序的维护只能通过一个可靠地抵消人们自私倾向的国家权力机关网络来实现，一个公民相向而行的动机结构并不重要。因此，建立国家的问题"听起来很困难，即使是魔鬼的民族也能解决（只要他们有知性）"[②]。正如英国犯罪学家大卫·加兰德（David Garland）所指出的，这种观点一时间成了"标准

① Hegel, Enzyklopädie der philosophischen Wissenschaften III, in: ders., Werke, Bd. 10, 1986, § 476, S. 303.

② Kant, Zum Ewigen Frieden, in: ders., Werke (Akademieausgabe), Bd. 8, 1923, S. 366. – Im Einzelnen dazu Pawlik, JRE 14 (2006), S. 269 ff.

现代性”的信条。[①] 然而,这却是引入歧途的。由于在一个魔鬼民族里,当局只能诉诸强制威胁这一激励工具,因此,对它所要实现的法的维护而言,一个强大而广泛的强制机器的存在是不可或缺的条件。然而,建立这样的强制机器的代价是极其高昂的:它包括安装一个全面的监控系统。费希特明确得出的结论是:面对建立一个独立于公民道德的法律体系的任务,需要建立一个“警察几乎知道每个公民每天每时每刻在哪里以及他在做什么”的国家。[②] 然而,这不仅会摧毁公民自由,而且会使国家的组织能力负担过重,国家会因为对监视的渴望而被完全窒息。[③]

对于那些受法约束的人来说,守法行为在很大程度上只有是不言而喻的,强制执行法秩序的成本才能被控制在一个从自由理论角度可以接受的框架内。外部规训机构的撤销必须由法同伴足够可靠的自我约束来弥

① Garland, Kultur der Kontrolle,2008, S. 92.

② Fichte, Grundlagen des Naturrechts, in: ders., Werke, hrsg. von I. H. Fichte, Bd. 3, 1971, S. 302.

③ Ebenso Jakobs, Norm, Person, Gesellschaft, 3. Aufl. 2008, S. 78 f.; ders., Rechtszwang und Personalität, 2008, S. 39.

补。因此,自由国家之所以能够持续存在,是因为而且只能是因为其公民大体上自由地服从法律,而违法行为是孤立的现象,①而这就是他们作为现存法状态的共同承担者责任的核心。②

诚如黑格尔已经指出的那样,现代国家盛行分工原则,③这就意味着对其公民承担法律责任的范围(Verantwortungsbereich)有很大的限制。他们只需要在法(Recht und Gesetz)面前为自己辩护,从而获得主观上的独立。按照黑格尔的说法,现代人与希腊英雄的区别就在于此。④ 因此,用黑格尔的话说,“较近的国家

---

① 基于截然不同的基本哲学信念的三种说法就是例证。Duff, Punishment, Communication, and Community, 2001, S. 68; Müller/Christensen, Juristische Methodik, Bd. 1, 11. Aufl. 2013, S. 45; Searle, Die Konstruktion der gesellschaftlichenWirklichkeit, 1997, S. S. 100 f.

② Duff, Punishment, Communication, and Community, 2001, S. 47 f.; Köhler, Recht und Gerechtigkeit, 2017, S. 307 f.; Pawlik, Das Unrecht des Bürgers, 2012, S. 105 f.

③ Hegel, Vorlesungen über die Ästhetik I, in: ders., Werke, Bd. 13, 1986, S. 241.

④ Caspers, „Schuld“ im Kontext der Handlungslehre Hegels, 2012, S. 41, 191.

(nähere Staat)并不直接要求对它的态度,而只是要求它的成就"[①]。因此,要由公民个人来决定自己从哪些动机来源中获取忠于法律的决心。然而,公民对表面上正确履行其社会角色的具体任务负有责任。[②] 黑格尔把他"在普通生活状态和条件下"的成就(Bewährung)称为爱国主义。[③] 这里所理解的刑法,除履行这种规范的爱国主义之外,没有其他要求。

这就是为什么公民遵守法的行为与其他形式的法行为处于同等地位,[④]以及为什么不只立法和司法占据着代表性,正如柏林哲学家沃尔克·格哈特(Volker Gerhardt)所强调的那样,日常的法遵守也具有代表性。"法律代表了一个制度共同体的行为预期,法官代表了

---

① Hegel, Vorlesungen über Rechtsphilosophie 1818 – 1831, hrsg. von Ilting, Bd. 3, S. 723.

② Hegel, Vorlesungen über die Ästhetik I, in: ders., Werke, Bd. 13, 1986, S. 241.

③ Hegel, Grundlinien der Philosophie des Rechts, in: ders., Werke, Bd. 7, 1986, § 268 A (S. 413).

④ Müller/Christensen, Juristische Methodik, Bd. 1, 11. Aufl. 2013, S. 45, 302.

法律,而依法行动的公民则体现了法律的效力。”[①]格哈特在这里使用的有效性概念对应于19世纪黑格尔刑法主义者的概念。这些作者中最重要的一位,胡戈·海尔施纳(Hugo Hälschner)仔细区分了规范的有效性(Gültigkeit)及其效力(Geltung)。尽管法规范的有效性是不可打破和不可侵犯的,但它的有效性取决于其约束力是否被适用它的人所承认,也就是说,它要确实被证明是一个规范人类行为的准则。[②]

因此,有效性的范畴反映了我之前强调的规范性的基本风险:[③]为了能够完成其任务,它依赖规范对象的遵守行为。依法行事的人通过这种遵守行为,从而有助于社会生活中法律秩序的发展。[④] 这样一来,他就以与违

---

① Gerhardt, Partizipation, 2007, S. 343; vgl. Hegel, Vorlesungen über die Ästhetik I, in: ders., Werke, Bd. 13, S. 240, der das gesetzmäßige Handeln der Bürger als „Beispiel" des Allgemeinen bezeichnet.

② Hälschner, Das gemeine deutsche Strafrecht, 1881, S. 30.

③ Oben S. 35.

④ Nach Taylor, Das sprachbegabte Tier, 2017, S. 137 (dort auf außerrechtliche Höflichkeitsbezeugungen bezogen).

法者相反的方式履行其作为公民的角色,尽管后者声称他可以根据自己的判断来决定忠于法律的条件和程度,但他承认法律无条件至高无上的地位。通过这种方式,守法者确认并强化了法律的权威。①

基于这些考虑,刚才提出的刑事不法的概念可以具体化为:这种不法的具体性质在于,行为人通过实施偏离刑事规范秩序和单方面有利于自己的规范,违背了他在维护现有法律状态方面的协力义务,从而破坏了他作为法共同体代表的角色(简而言之就是作为公民)。②

---

① Vgl. Spaemann, Zur Kritik der politischen Utopie, 1977, S. 180.

② Ebenso Duff, Punishment, Communication, and Community, 2001, S. 60 ff., 112 ff.; ders., Answering for Crime, 2007, S. 49ff.; ders., in: Duff/Green (Hrsg.), Philosophical Foundations of Criminal Law, 2011, S. 139f. – Nahestehend Lacey, State Punishment, 1988, S. 176ff.; Markel, in: White (Hrsg.), Retributivism, 2011, S. 53f. – Aus der neueren deutschsprachigen Literatur: Dold, Eine Revision der Lehre vom Rücktritt vom Versuch, 2017, S. 34 ff.; Erber-Schropp, Schuld und Strafe, 2016, S. 75 ff.; Gärditz, Staat und Strafrechtspflege, 2015, S. 36, 51; Kubiciel, Die Wissenschaft vom Besonderen Teil des Strafrechts, 2013, S. 164 f.; Timm, Gesinnung und Straftat, 2012, S. 52 ff.; Wachter, Das Unrecht der versuchten Tat, 2015, S. 107 ff.

一句话概括，与刑法有关的不法，顾名思义就是公民的不法。

3. 自由作为应受刑罚处罚的协力义务的正当化根据

这里把公民身份与协力义务联系起来，可能会让主张正当化理论的个人主义者①听了不舒服。诚然，将犯罪解释为违反对法共同体的协力义务，并不意味着强加给犯罪人的这一义务所代表的利益也必须一致地分配给公众。协力义务正当化根据这一问题，独立于犯罪概念的义务理论结构问题，因为犯罪概念的构建并不能预先决定正当化理论的问题。② 然而，这里的概念可能会引起一些读者的怀疑，认为它把公民个人降低到抽象普遍性的功能性状态，在内容上可以随意填充。我提到黑格尔，他在众多德国刑法学者中仍然享有盛誉——他的

---

① Dazu v. d. Pfordten, ZphilF 54 (2000), 491 ff.; ders., ZphilF 58 (2004), 321 ff.

② Pawlik, Das Unrecht des Bürgers, 2012, S. 91 m. w. N.

大多数当代哲学解释者并不认可这个观点①——因为他崇拜政府,②这可能加剧了这种恐惧。然而,这样的理解却没有认识到这里行为论方法上的重要意义。

实施行为是指以一种符合要求的,即合理的方式对规范性的替代方案采取立场。③ 如果从制度上向有关人员传达了其声明在实践中的内容,那么承认个人是行为人只会超越纯粹口头上的、实际上无足轻重的让步。这不仅包括,甚至主要包括,与现行法规范相抵触的立场被归责于他——甚至可能是刑事——的不法。④ 相反,这首先是在尽可能大的范围内建立规范秩序,从而只要在法律允许的范围内,个人声明是否会产生这样或那样的具有实际意义的区别。因此,只有作为自我决定的自

---

① Hoffmann, Hegel,2004, S. 16 ff. ,428 ff. ; Neuhouser, Foundations of Hegel's Social Theory,2000, S. 17 ff. ,114 ff. ,145 ff. ; Pippin, Hegel's Practical Philosophy,2008, S. 183 ff. ; Siep, Hegels praktische Philosophie und das „Projekt der Moderne“,2011,S. 15 ff. ; Vieweg, Das Denken der Freiheit,2012,S. 35 ff. ,345 ff.

② Exemplarisch Hörnle, FS Roxin, 2011, S. 4.

③ Oben S. 19.

④ Dazu näher oben S. 38 f.

由秩序才适合行为人的政治共同体。最迟自卢梭(Rousseau)和康德,这一思想一直是所有关于政治哲学问题在哲学上令人满意的讨论中不可避免的支点。① 因此,只有为维持自由状态所必需的情况才能被视为刑法规定相关协力义务的根本原因。在我看来,正是这种将协力义务的理念与维护自由的理念联系起来的做法,证明了当今刑法有效性的要求。②

决定某人的生活意味着控制他。③ 自我决定的特殊性在于,统治者与被统治者是同一的。那些自我决定生活的人,并不允许别人支配他们的行为内容,而是根据自己的价值观和目标独立设定自己的行为。因此,法律,尤其是刑法,其主要任务是保障每个人都能够按照自己的理解过自己的生活。尽管国家及其刑法不能保证个人过上充实的生活。但刑法能够做到的是:在严格

---

① Pawlik, Das unerlaubte Verhalten beim Betrug, 1999, S. 14 ff.

② Näher Duff, Punishment, Communication, and Community, 2001, S. 46 ff.; Pawlik, Das Unrecht des Bürgers, 2012, S. 99 ff.

③ Oben S. 9.

互惠的条件下，摆脱令人窒息的恐惧和压迫性的被人控制，从而使人能够塑造自己的存在。

然而，要求自我决定的公民不仅以在法律面前负责的私人角色出现，而且他还以对法律负责的公民角色出现，他对有效保护自己的完整性免受损害感兴趣。① 在《论永久和平》(Zum Ewigen Frieden)一文中，康德相应地拒绝了这样一种观点，即法律自由包括允许做任何自己想做的事，只要不对其他人做不法之事，而且以下列定义对其取而代之：法律自由是“除了我能够同意的法律之外，不遵守任何外部法律的权利”②。尽管康德在与贝卡里亚(Beccaria)的讨论中明确提到了特别具有干扰性的刑法，但他明确表示，这里所指的不是实际发生的

---

① Beispielhaft Dogger, in: Duff/Green, (Hrsg.), Philosophical Foundations of Criminal Law, 2011, S. 63. – Zu der daraus folgenden „immanenten Politizität der subjektiven Rechte“ jüngst eindringlich Menke, Kritik der Rechte, 2015, S. 189 ff.

② Kant, Zum Ewigen Frieden, in: ders., Werke (Akademieausgabe), Bd. 8, 1923, AA, Bd. 8, S. 350 Anm.

同意,而是可以合理预期的同意。[①] 由于“多元主义的事实”[②],康德所援引的“纯粹立法理性”[③]并不能从仅依靠自己和自己良心的个人统治者人格中找到其制度性的表达,而只能在适当的程序性安排中找到这种表达。根据以往所有的历史经验,迄今为止被证明最成功的统治形式是代议制民主或其进一步的发展,即参与式民主。[④]

因此,通过基本法秩序框架内民选代表的调解,即使是那些不在刑法理论的哲学王所设计的“法益”(尽可能地接近个人)清单上的政治关切,也会受到刑法的保护,这是自我决定的公民同一性的一部分。然而,自由

---

① Kant, Die Metaphysik der Sitten, AA, Bd. 6, 1914, S. 335. – Klarstellend jüngst Eisfeld, Erkenntnis, Rechtserzeugung und Staat bei Kant und Fichte, 2015, S. 238 ff.

② Rawls, Die Idee des politischen Liberalismus, 1994, S. 298 ff.

③ Kant, Die Metaphysik der Sitten, AA, Bd. 6, 1914, AA, Bd. 6, S. 335.

④ Köhler, Recht und Gerechtigkeit, 2017, S. 709 ff.; Höffe, Ist die Demokratie zukunftsfähig?, 2009, S. 290 ff.; Nolte, Was ist Demokratie?, 2012, S. 108 ff.; Thiele, Verlustdemokratie, 2016, S. 50 ff.

主义刑法与民主制度之间的制度关系被刑法学者们低估了。[①] 相反,在很大程度上,以宪政前的方式,立法机关几乎完全被视为需要被驯服的机构。“立法机关是唯一被直接民主合法化的国家机构,立法者受到宪法的约束。在一个民主法治国家,如果没有宪法的束缚是不可想象的。”[②]传统的法益理论“与民主完全令人不安的距离”[③],陷入了“一种规范平行世界”,[④]其常常出于被误解的优越感而忽视基本法讨论的状况,而这与反映自由理论的犯罪论是相对立的。宪法规定的刑事立法机关的自由不是不可避免的罪恶,而是公民自由真正的和值得称道的表达。[⑤]

4. 共和主义理论

英国思想史家昆廷·斯金纳(Quentin Skinner)认

---

① Gärditz, Staat und Strafrechtspflege, 2015, S. 39 ff. ,65 ff.

② Appel, Verfassung und Strafe, 1998, S. 330.

③ Stuckenberg, GA 2011, 658.

④ Stuckenberg, GA 2011, 655.

⑤ Im Ergebnis wie hier BVerfGE 120, 224, 240 ff.

为，主张个人自由包括建立一个自由统治自己的政体并承担维护该政体的义务，这就是共和主义。① 斯金纳表明，自霍布斯(Hobbes)以来，甚至在自由主义中，这种对自由的理解在很大程度上已被一种相互竞争的观点所取代，这种观点将自由定义为没有外部障碍，②因此从一开始就难以证明需要参与超个人政治实体的义务。③ 我在本节开头提到的达夫对臣民和公民的区分，④就是基于这一共和主义的公民概念。⑤ 我所提出的概念的关注点最终是提醒刑法学者注意关于共和主义的自由思想传统。⑥

---

① Skinner, Visionen des Politischen, 2009, S. 147 ff. ,161 f. ,167 ff. ; ders. ,The Paradoxes of Political Liberty,1984,S. 229 f. ,237 ff. ,246 ff.

② Skinner, Liberty before Liberalism, 9. Aufl. 2006, S. 5 ff. ; ders. , Visionen des Politischen, 2009, S. 136 ff.

③ Skinner, The Paradoxes of Political Liberty, 1984, S. 248; in diesem Sinne auch Duff, Punishment, Communication, and Community, 2001, S. 53.

④ Oben S. 34.

⑤ Duff, Punishment, Communication, and Community, 2001, S. 58; ders. , Answering for Crime, 2007, S. 138; ferner Dogger, in: Duff/Green (Hrsg.), Philosophical Foundations of Criminal Law, 2011, S. 62 ff.

⑥ Ebenso Gärditz, Staat und Strafrechtspflege, 2015, S. 57.

顺便说一句,这正是被斯金纳忽略的黑格尔的目的。根据黑格尔的信念,理性国家和抽象法的主体与道德主体并不对立。相反,凭借其逻辑结构,它与他们共享作为法律理念的一种形式所具有的属性,即自由意志的一种存在形式。[①] 然而,与这些从属性相比,国家的特点在于它已经"形成了一个组织"[②],也就是说,法律和权力在它身上已经成为一体。[③] "抽象的是法律,实现的是国家。"[④]据此,如果人以抽象形式体现"精神存在、自由"[⑤],那么国家就代表"最具形式的自由"[⑥]。因此,在"真正结构合理的国家","所有法律和制度只不过是根

---

① Näher Pawlik, in: Kubiciel u. a. (Hrsg.), Hegels Erben?, 2017, S. 257 f.

② Hegel, Die Philosophie des Rechts, hrsg. von Hoppe, 2005, S. 88.

③ Hälschner, Das gemeine deutsche Strafrecht, 1881, S. 561.

④ Hegel, Philosophie des Rechts, hrsg. von Henrich, 1983, S. 46.

⑤ Hegel, Die Philosophie des Rechts. Die Mitschriften Wannenmann (Heidelberg 1817/18) und Homeyer (Berlin 1818/19), hrsg. von Ilting, 1983, S. 220.

⑥ Hegel, Grundlinien der Philosophie des Rechts, in: ders., Werke, Bd. 7, 1986, § 33 Z (S. 91).

据其基本规定实现的自由”[①]。人格权(Persönlichkeit)在其中并没有被破坏,而是得到了实现。[②] 一方面,以主观权利的形式,法律“永远只以针对其他个人意愿的形式出现,并依赖于他们而实现”[③]。另一方面,在国家中,“法律成为一种现有的秩序,一种支配个人意志的力量”[④],简而言之,就是实现自由。因此,通过履行协力义务,如黑格尔所说,公民个人为“自由概念的组织”作出了贡献。[⑤] 通过违反这一义务,他攻击了现有的自由状态。

① Hegel, Vorlesungen über die Ästhetik I, in: ders., Werke, Bd. 13, 1986, S. 136.

② Vgl. Hegel, Die Philosophie des Rechts. Die Mitschriften Wannenmann (Heidelberg 1817/18) und Homeyer (Berlin 1818/19), hrsg. von Ilting, 1983, S. 43.

③ Hälschner, Das Preußische Strafrecht, 2. Teil, 1858, S. 216.

④ Hälschner, Das Preußische Strafrecht, 2. Teil, 1858, S. 216.

⑤ Hegel, Vorlesungen über Rechtsphilosophie 1818 – 1831, hrsg. von Ilting, Bd. 3, 1974, S. 719.

Ⅲ. 刑　　罚

1. 报应的困境

这种攻击——用黑格尔的术语来说——与刑罚行为是矛盾的。报应无非是否定之否定。① 这种说法在历史上和现在对刑罚论的讨论中已经广为人知。然而，其经常被当作粗暴嘲笑的对象。没有具体内容的晦涩辞藻，有的只是哲理性的抒情诗，这根本就不符合现代性的理性主张，尤其在涉及施加刑罚这样一个严肃问题时。②

---

① Hegel, Grundlinien der Philosophie des Rechts, in: ders., Werke, Bd. 7, 1986, § 97 Z (S. 186).

② Exemplarisch Hawkins, in: Grupp (Hrsg.), Theories of Punishment, 1971, S. 16; Zürcher, Legitimation von Strafe, 2014, S. 73 ff.

发现一些晦涩难懂的东西本身并不是智力超群的证据，根据利希腾贝格(Lichtenberg)一句嘲讽的话，“大象和贵宾犬都能找到谁知道什么是晦涩”①。诚然，黑格尔的精确性有时会给人模糊不清的印象。② 然而，这种印象是可以消除的。这就是我将在下文尝试做的。

我想从这里所概述概念的普遍关切开始。按照克里斯托夫·默勒斯的说法，这种担忧可以被描述为报应的困境。一方面，我们希望适当的刑罚理论能够在被违反规范的内容与制裁的“刑罚”之间建立起客观合理的联系。但另一方面，我们要求刑罚与违反规范的行为保持距离。也就是说，不要把违反规范的行为伪装成一种制裁而重复出现。③ 正因为报应很好地满足了第一个要求，却似乎更难满足第二个要求，从而让人存在这样的疑问：难道他们令人敬畏的术语表象背后，隐藏了道德上极不光彩的担忧？即报复的欲望没有哲学家比叔本

① Lichtenberg, Aphorismen, 1976, S. 94.

② Ritter, Notizhefte, 2010, S. 96 f.

③ Möllers, Die Möglichkeit der Normen, 2015, S. 175.

华(Schopenhauer)更有力地表达了这种责备:"所有通过施加痛苦而没有未来目的的报应都是报复,除了通过看到由自己造成的痛苦来安慰自己,没有其他目的。这样的行为是邪恶和残酷的,在道德上也是没有道理的。"①

然而,在19世纪,对粗暴的报应思维持保留态度的并不仅限于像叔本华这样的哲学局外人。普鲁士保守主义的法哲学家弗里德里希·朱利叶斯·施塔尔(Friedrich Julius Stahl)也着重指出了这种为刑罚辩护模式的开放性:"怎么可能通过报应来恢复被破坏的秩序?这对违法者施以刑罚无疑是一种恶。第二种恶出现的事实并没有消除第一种恶所具有的矛盾。"②在这里,施塔尔回到了几十年前被叔本华憎恨的黑格尔通过雄辩表达过的一个观点:仅仅因为另一种恶已经存在就想要一种恶是不合理的。③ 根据这一批评,报应理论对刑罚的辩护只有

---

① Schopenhauer, Die Welt als Wille und Vorstellung I, in: ders., Werke in fünf Bänden, hrsg. Von Lütkehaus, Bd. 1, 1991, S. 451.

② Stahl, Die Philosophie des Rechts, Bd. II/1, 5. Aufl. 1878, S. 165 f.

③ Hegel, Grundlinien der Philosophie des Rechts, in: ders., Werke, Bd. 7, 1986, § 99 A (S. 187).

在成功地赋予刑罚积极意义的前提下才能被接受，这种积极意义超越了黑格尔所描述的两害相权取其轻，而不必求助于传统的预防学说——威慑、矫正、使之无害。即使像康德这样伟大的哲学家也无法公正地完成这项任务，这表明这项任务是多么艰巨。

在一个根据自由理念运行的伦理和司法归责体系中，让人们根据他们应得的东西承担责任的做法，可以被理解为对行为人的尊重并使之合法化的表达，因为他自由地使用了自己的能力，以这种方式（以违反义务的方式）而不是以其他方式（履行其义务）来塑造世界。[①] 黑格尔将这一思想包含在著名的公式中，即行为人因其刑罚而被尊为理性。[②] 然而，这并不能合理说明，为什么

---

① In diesem Sinne etwa Duff, in: Claes u. a. (Hrsg.), Punishment, Restorative Justice and the Morality of Law, 2005, S. 133; ders., in: White (Hrsg.), Retributivism, 2011, S. 14; Holtman, in: White (Hrsg.), Retributivism, 2011, S. 116; Markel, in: White (Hrsg.), Retributivism, 2011, S. 51 f.; Shuster, Punishment and the History of Political Philosophy, 2016, S. 101 ff.

② Hegel, Grundlinien der Philosophie des Rechts, in: ders., Werke, Bd. 7, 1986, § 100 A (S. 191).

承担刑事责任的实践可以包括痛苦的前景和痛苦的施加。在康德的体系中，这样的事实并不是法哲学甚至不是刑法哲学的具体命题。相反，康德对道德命令与制裁威胁之间的理性必要性最清晰的承认，见于他对宗教哲学的贡献之一，即《神的正义》(Theodicy)一文。① 在这些言论的背景中，有一个神义论的问题，即“恶人不受刑罚与他们在世上的罪行之间不相称”②——康德用“幸福与幸福价值”这对概念来掩盖这种不相称。一方面，人的本性驱使他去追求幸福，“满足我们所有的倾向”③。另一方面，理性将他限制在“值得幸福的条件下，即道德”④。

① Kant, Über das Mißlingen aller philosophischen Versuche in der Theodizee, AA, Bd. 8, 1923, S. 257; inhaltlich übereinstimmend bereits ders., Kritik der praktischen Vernunft, AA, Bd. 5, 1908, S. 37 f.

② Kant, Über das Mißlingen aller philosophischen Versuche in der Theodizee, AA, Bd. 8, 1923, AA, Bd. 8, S. 257.

③ Kant, Kritik der reinen Vernunft, B 834, AA, Bd. 3, 1904, S. 523; näher ders., Über das Mißlingen aller philosophischen Versuche in der Theodizee, AA, Bd. 8, 1923, KpV, AA, Bd. 5, S. 124 (A 224).

④ Kant, Anthropologie in pragmatischer Hinsicht, AA, Bd. 7, 1917, S. 326.

按照康德的说法,一方面,一个人的意志只有始终与理性的一般立法相一致,他才完全值得拥有幸福;另一方面,只要他的意志与道德相抵触,这个人就不值得拥有幸福。①

按照康德的说法,凡是实施犯罪行为的人,他都会因为这个原因,根据其犯罪程度,丧失其享受生活乐趣的资格。② 他的刑罚使这种幸福感的丧失在外部可见,而且在物理上是可感知的。③ 然而,这一论证思路与康德对伦理立法和司法立法的区分有明显的矛盾。④ 无论是谁,只要是出于对刑罚的恐惧而做出合法的行为,他就满足了司法立法的要求。然而,在道德上,他是一个罪人。⑤ 这样的人绝对不配得到幸福。理由如下,康德在《纯粹理性批判》和《实践理性批判》中关于幸福与幸福价值统

① Kant,Über den Gemeinspruch,AA,Bd. 8,1923,S. 278.

② Kant, Über das Mißlingen aller philosophischen Versuche in der Theodizee, AA, Bd. 8, 1923, KpV, AA, Bd.5, S. 37 (A 66).

③ Kant,Metaphysik der Sitten Vigilantius,AA,Bd. 27/2/1,1974,S. 552.

④ Kant, Die Metaphysik der Sitten, AA, Bd. 6, 1914, AA, Bd. 6, S. 218 ff.

⑤ Kant,Die Religion innerhalb der Grenzen der bloßen Vernunft,AA, Bd. 6,1914,S. 30.

一性的假设，主要是为了证明上帝的道德必然性。① 作为“知心者”②，他能够“看透每个人内心最深处的世界，并且，正如每个普通人所必须的那样，让每个人知道他的行为有什么价值”③。人类法官既无权也无能力这样审视另一个人的内心世界。④

尽管如此，康德显然假定喜悦(Glückseligkeit)与幸福(Glückswürdigkeit)之间的弱化版联系在法律领域是有效的，⑤这样一来，缩小幸福的行为圈仅限于违反法律

---

① Kant, Kritik der reinen Vernunft, B 834, AA, Bd. 3, 1904, B 832 ff., AA, Bd. 3, S. 522 ff.; ders., Über das Mißlingen aller philosophischen Versuche in der Theodizee, AA, Bd. 5, 1923, S. 124 ff. (A 223 ff.).

② Kant, Die Religion innerhalb der Grenzen der bloßen Vernunft, AA, Bd. 6, 1914, S. 99, 439.

③ Oben S. 99.

④ So schon Feuerbach, Revision der Grundsätze und Grundbegriffe des positiven peinlichen Rechts, Teil 1, 1799 (ND 1966), S. 24 ff.

⑤ So auch die Kant-Deutungen bei Dusch, Staat und Strafe, 2011, S. 245 f., 249 f., 274, 293; Fleischacker, Kant-Studien 79 (1988), 446 ff.; Hüning, in: ders. u. a. (Hrsg.), Aufklärung durch Kritik, 2004, S. 348 f.; Lesch, Der Verbrechensbegriff, 1999, S. 23f., 38; Shell, Kantian Review 1 (1997), 122f.; Shuster, Punishment and the History of Political Philosophy, 2016, S. 110 ff.

义务的行为,违法者容忍刑罚的义务在理由和程度上与这些行为相适应,而且刑罚是在严格受法律约束和避免情绪化的程序框架内对他们实施的。① 康德保证这种做法符合“我们的正义观”②,当然,这只是一种证据的断言。③ 因此,他对刑罚的辩解最多包含“承认刑法必须来自理性或正义的理念,但这不是实际的来源”④。

2. 作为“应受刑罚处罚性符号”的刑罚

那么,否定报复的矛盾对犯罪的积极方面是什么呢？我提出的答案的出发点在于一个简单的、乍一看几乎是平淡无奇的情况,即犯罪的人和判处他刑罚的人有

---

① In diesem Sinne Kant, Die Metaphysik der Sitten, AA, Bd. 6, 1914, S. 460 f. ; ders. , Anthropologie in pragmatischer Hinsicht, AA, Bd. 7, 1917, S. 270 f.

② Kant, Metaphysik der Sitten Vigilantius, AA, Bd. 27/2/1, 1974, S. 552.

③ Brandt, in: Schönrich/Kato (Hrsg.), Kant in der Diskussion der Moderne, 1996, S. 435; Scheid, Ethics 93 (1983), 274.

④ Luden, Handbuch des teutschen gemeinen und particularen Strafrechts, Bd. 1, 1847, S. 38.

一个共同点,即他们作为行为人(Handelnde)的能力。他们的犯罪或刑罚行为,不是像"犯罪"或"刑罚"这样的抽象实体,而是被谴责或合法化的对象。就像犯罪行为一样,惩罚行为也具有声明(Stellungnahme)的性质。然而,正如我们所看到的,声明总是由两个命题组成:通过肯定特定的东西,它们否认其他东西,反之亦然。① 犯罪人对他所采取的非法替代行为表示"是",同时就对他所违反的规范的要求含蓄地说了"不"②。法院在裁决被告行为的法律后果时同样面临着不同的行动方案——是否应该宣布该行为具有应受刑罚处罚性。通过在前一种意义上回答这个问题,法院一方面拒绝了违法者带入世界中的反规范,从而用一个"不"来反对它;另一方面,它由此确认并强化了被处罚人打破的规范秩序的权威性。

因此,刑罚首先是一种符号,与康德一样,我们也

---

① Oben S. 16 f.

② Oben S. 33.

可以说,“应受刑罚处罚性的符号”(Symbol der Strafwürdigkeit)。① 通过符号,感性的个体内容形成一般精神意义的载体。② “它的内容纯粹而且完全地被意义的功能所吸收。”③刑罚同样如此。它在正当化理论方面的意义在于,它是④一种交流行为,即一种“法的立场源于对犯罪的否定” ⑤ :“作为语言的惩罚”⑥。在这方面,关于处罚或不处罚的决定并不属于预防论所假设的创制(Poiesis)领域,而是属于实践领域:它并不致力于

---

① Kant,Brief an Johann Benjamin Erhard,AA,Bd. 11,1900,S. 398.

② Cassirer, Der Begriff der symbolischen Form im Aufbau der Geisteswissenschaften,in: ders. ,Werke, Bd. 16, 2003, S. 79.

③ Cassirer, Philosophie der symbolischen Formen, in: ders. , Werke, Bd. 11, 2002, S. 40.

④ Im deutschen Sprachraum wird diese Position am prominentesten vertreten von Jakobs, Norm, Person, Gesellschaft, 3. Aufl. 2008, S. 112; ders. , Rechtszwang und Personalität, 2008, S. 32 f. ; ders. , Staatliche Strafe: Bedeu-tung und Zweck,2004,S. 25 f. – Für den englischsprachigen Bereich vor allem Duff, Punishment, Communication, and Community, 2001, S. 79 ff.

⑤ Hälschner, Das Preußische Strafrecht, 2. Teil, 1858, S. 15.

⑥ So der programmatische Titel eines Aufsatzes von Primoratz, Philosophy 64 (1989),187 ff.

集体的自我肯定(Selbstvergewisserung)来回答“我们想成为谁?”这个问题,而是实现这种自我肯定。①

因此,与这种行为表现相关的塑造个人和社会的期望当然不会被宣布为非法。② 但就正当性理论而言,它们却处于第二的位置。③ 当然,值得欢迎的是,刑罚的做法可以震慑容易犯罪的公民,并增强守法公民的态度。④用赫尔施纳的话来说,这很重要,因为在“秩序井然、健康的国家生活”中,单个犯罪行为不会立即危及国家权力。但是,这仅适用于“法律不断行使其根除犯罪的权力,从而在犯罪人与其他所有人的头脑中维护其权威和

---

① Jakobs, in: Kodalle (Hrsg.), Strafe muß sein! Muß Strafe sein?, 1998, S. 36; ders., EuS 12 (2001), 108; ders., in: Neumann/Schulz [Hrsg.], Verantwortung in Recht und Moral, 2000, S. 59 f.; Duff, Punishment, Communication, and Community, 2001, S. 88 f.

② Klarstellend Lacey, State Punishment, 1988, S. 185.

③ Ebenso Duff, Punishment, Communication, and Community, 2001, S. 89; ders., in: Claes u. a. (Hrsg.), Punishment, Restorative Justice and the Morality of Law, 2005, S. 134; Gärditz, Staat und Strafrechtspflege, 2015, S. 23; Primoratz, Justifying Legal Punishment, 1989, S. 153; ders., Philosophy 64 (1989), 198.

④ Beispielhaft Lacey, State Punishment, 1988, S. 182 f.

权力地位的条件”[①]。这里的概念并不禁止享受刑罚所带来的各种个人和社会心理后果。它只是拒绝将判断刑罚正当与否主要建立在它是否适合实现这些后果的基础之上。这样做就意味着不再像刑罚的含义那样与违法者对话,而是通过他与其他人对话。然而,这将与康德著名的对刑罚预防论根据的批评一样,将当事人置于财产法的对象之中[②],从而剥夺了他作为一个有能力的行为人所应得到的承认,他的交流性贡献理应得到回应。

3. 刑罚的强制

有能力的符号使用者(Zeichenverwender)不会结结巴巴或含糊不清地表达他们的交流关切,而是以精练、简明和容易理解的方式来表达。这些对“熟练”语义的要求同样适用于刑罚“法律符号”[③]的使用。因此,法的惩罚性立场只能以一种社会上令人信服的方式来表达

---

① Hälschner, Das gemeine deutsche Strafrecht, 1881, S. 32.

② Kant, Die Metaphysik der Sitten, AA, Bd. 6, 1914, S. 331.

③ Borsche, in: Simon (Hrsg.), Distanz im Verstehen, 1995, S. 239 ff.

上述内涵。通过确认违法者所违反的规范对法共同体自我理解的决定性,法院从根本上提供了与那些从一开始就以守法的方式行事的公民一样的表现。[1] 然而,与后者相比,法院面对的不是单纯的可能,而是实际执行对刑法规范秩序的“拒绝”。用宾丁的话说,违法者提出了权力的问题[2],而法共同体必须对此给出适当的回应。它的做法是,通过施加刑罚从而将犯罪“降为次要的和被克服的东西”[3]。因此,通过刑罚,法共同体确保犯罪人施加的强制力(Zwang)反作用于犯罪人本人身上。[4] 通过这种方式,它表达了在现实中,权力仍然在自己手中。通过这种方式,某些“原始反应机制”[5]在精心设计和高度仪式化的符号语言框架内转化成了有意义的符号。

---

① Oben S. 37 f.

② Binding, Handbuch des Strafrechts, 1885, S. 236.

③ Vgl. Hegel, Vorlesungen über die Philosophie der Geschichte, in: ders., Werke, Bd. 12, 1986, S. 28 (dort auf die Rolle des Bösen in der Weltgeschichte bezogen).

④ Hegel, Vorlesungen über die Philosophie der Geschichte, in: ders., Werke, Bd. 12, 1986, S. 43.

⑤ Gärditz, Staat und Strafrechtspflege, 2015, S. 45.

社会对这一转变过程的广泛接受证明,喜欢自称"世俗化"(säkularisiert)的古老社会与现代社会之间的差距有时并不像所宣称的那样大。正如查尔斯·泰勒指出的那样,修补世界结构(Weltgebäude)裂缝的需求绝不仅限于传统的共同体。现代社会有自己的恢复仪式,通过这些仪式,他们重申被破坏的秩序,[①]而刑罚在其中占据中心位置。[②] 那些斥责这种做法不合理的人,在严格意义上是无法反驳的。然而,他们没有认识到实践哲学能够和应该实现的是:综合现有的信念结构,而不是重新发明它们。[③] 与外行相比,哲学家可能拥有更精妙的方法论工具,但由于他们的职业,他们无法声称拥有更深刻的道德洞察力。[④] 因此,对普通道德意识进行自我启蒙,并不意味着将其暴露在谴责或批评之中,

---

① Taylor, Das sprachbegabte Tier, 2017, S. 529.

② Lacey, State Punishment, 1988, S. 185.

③ Näher Pawlik, GA 2014, 386 f.

④ 这一立场在相当不同的哲学体系中找到了共识。vgl. nur einerseits Henrich, Denken und Selbstsein, 2007, S. 94; andererseits Rorty, Philosophie als Kulturpolitik, 2008, S. 320.

而是要帮助它更好地理解自己。这里概述的刑罚论概念实现了这一点,这一事实是它想要被衡量的愿望。

对于被定罪者来说,使用符号的刑罚方式往往会产生影响深远的,甚至是威胁生存的后果,因为他不仅要忍受抽象的谴责,还要忍受对他现有意志以及他感性现实的干预。① 用黑格尔的话说,刑罚剥夺了他想保留的东西:②他的自由、他的财产和所有,在极端情况下甚至他身体的存在。③ 身体、行动自由和处置个人财产的权利被认为是我们文化中的核心“自由标志”,这绝非巧合。④ 尽管如此,犯罪人的犯罪行为并没有改变他是而且依然是一个公民的事实;⑤正是由于这个原因,他对现

---

① Hegel, Vorlesungen über Rechtsphilosophie 1818 – 1831, hrsg. von Ilting, 1974, Bd. 4, S. 550, 552.

② Hegel, Vorlesungen über Rechtsphilosophie 1818 – 1831, hrsg. von Ilting, 1974, Bd. 4, S. 285.

③ Oben S. 550.

④ Borsche, in: Simon (Hrsg.), Zeichen und Interpretation, 1994, S. 114.

⑤ Duff, Punishment, Communication, and Community, 2001, S. 72, 77, 90, 113, 130, 151; ders., in: Duff/Green (Hrsg.), Philosophical Foundations of Criminal Law, 2011, S. 144.

实自由秩序规划取得成功的责任没有被排除。改变的只是他的义务内容。依法行事的公民通过允许他人拥有自己的自由,从而促进真正自由状态的稳定。对犯罪人来说,首要的履行义务(Erfüllungspflicht)被转化为次要的容忍义务(Duldungspflicht)。因为违法者违反了所有合法性的基本公理——只有以履行义务为代价才能获得自由的原则。他必须忍受这样的事实:享受自由与履行协力义务之间不可分割的联系是以他为代价得到确认的。[①] 而这种确认的名字就是刑罚。[②]

刑罚的细节设计如何才能在社会上具有公信力,这

---

① Grundlegend Merkel, Lehrbuch des deutschen Strafrechts, 1889, S. 171 f. ; ders. ,Gesammelte Abhandlungen aus dem Gebiet der allgemeinen Rechtslehre und des Strafrechts,1899,1. Hälfte,S. 383 ff. ,2. Hälfte,S. 584 ff. sowie Binding, Grundriss des Deutschen Strafrechts, 8. Aufl. 1913, S. 227; ders. , Die Normen und ihre Übertretung, Bd. 1, 3. Aufl. 1916, S. 425 f. – Eine parallele Begründungsfigur entwickelt Duff. Dazu Duff, in: Duff/Green (Hrsg.), Philosophical Foundations of Criminal Law, 2011, S. 140.

② Einzelheiten bei Pawlik, Das Unrecht des Bürgers, 2012, S. 116 ff. – Nahestehend Jakobs, Norm, Person, Gesellschaft, 3. Aufl. 2008, S. 114; ders. , Staatliche Strafe: Bedeutung und Zweck, 2004, S. 32; ders. , Rechtszwang und Personalität, 2008, S. 33 f.

一方面取决于文化背景,另一方面取决于相关社会的现有安全水平。正如康德所想的那样,[①]先验性的说明,即从字面上理解的以牙还牙的报复,在这里并不合适。因此,对康德和黑格尔而言,仍然理所当然能够接受死刑。[②] 在今天,至少在欧洲的文化精英中,死刑被认为是野蛮的,因此它不适合作为刑罚法律符号有意义的代表。只有一件事是不可或缺的:国家必须通过其刑事司法体系的设计,明确无误地表明它是认真地拒绝犯罪的。[③]

---

① Kant, Die Metaphysik der Sitten, AA, Bd. 6, 1914, S. 332 f.

② Vgl. Kant, Die Metaphysik der Sitten, AA, Bd. 6, 1914, S. 333 ff.; Hegel, Grundlinien der Philosophie des Rechts, in: ders., Werke, Bd. 7,1986, § 100 A/Z (S. 190 ff.).

③ Anderson, in: Hudson (Hrsg.), Technology, Morality und Social Policy, 1998, S. 220 f.; Duff, Punishment, Communication, and Community, 2001, S. 28, 72, 114; ders., in: Claes u. a. (Hrsg.), Punishment, Restorative Justice and the Morality of Law, 2005, S. 138 f.; ders., Answering for Crime, 2007, S. 17; Hörnle, Straftheorien, 2011, S. 42; Markel, in: White (Hrsg.), Retributivism, 2011, S. 54; Primoratz, Banquos Geist, 1986, S. 75ff.; ders., Justifying Legal Punishment, 1989, S. 151ff.; ders., Philosophy 64 (1989), 200; Wringe, An Expressive Theory of Punishment. 2015, S. 85 ff.

“礼貌的权利没有任何意义。”①如果国家满足于慷慨地颁布刑罚规定，但不确保它们有规则地得到执行，那么在某些时候，它表演性的自我表现就会变得像这样的父亲一样难以置信：他责骂孩子的恶作剧，但自己又忍不住笑了起来。用我认为刑法黑格尔学派中最重要的成员莱因霍尔德·科斯特林的话来说，“尽管有所有反对它的抗议，但不公正仍将继续存在，而且声称自己是有效的”，②从而削弱了法的现实决定力。过多的刑法规范的危害往往比其过少的危害更大。③

---

① Goethe, Maximen und Reflexionen, 1976, S. 207.

② Köstlin, Neue Revision der Grundbegriffe des Criminalrechts, 1845, S. 36.

③ Jakobs, System der strafrechtlichen Zurechnung, 2012, S. 62.

Ⅳ.规 则 适 用

1. 实践是意义的创造者

犯罪与对其答责的刑罚都是有意义的行为：犯罪人违反其协力义务的要求，而刑罚确认协力义务的重要性。[①] 然而，在没有进一步解释的情况下使用“确认”一词，这可能会对适用刑法的过程产生误解。讨论规范确认似乎暗示了对这一过程的一种不恰当的静态理解，尤其是与卢曼（Luhmann）的“规范性期望”（normativen Erwartung）概念相结合时，根据该概念，规范在原则上起

---

① Oben S. 38 f. ,51 ff.

到稳定期望的作用。[①] 因此,损害被认可的规范,尽管其社会相关性得到了强化,但其内容却保持了原样。其所蕴含的意义内容从一开始就由审判的法院确定,然后将待决的个别案件归入其中,仅此而已。这种方式事实上无法理解法律发展的动态。回想一下判例发生变化的情况。为了能够将被狭隘理解的确认模式应用于它们,人们不得不声称这样的变化并没有触及真实的规范内容,它只是去除了先前被认为错误解释的外壳,而这种解释掩盖了真理的光辉。然而,这种思路与法律解释的创造性原则——可能是最近法律方法论中最可靠的见解——相去甚远,[②]以至于它也将永久否定基于它的刑罚正当性确认模式。

---

① Luhmann, Rechtssoziologie, 3. Aufl. 1987, S. 42 ff. – Berechtigte Kritik an diesem Normverständnis übt Möllers. Dazu: Möllers, Die Möglichkeit der Normen, 2015, S. 129.

② Zusammenfassend Müller/Christensen, Juristische Methodik, Bd. 1, 11. Aufl. 2013, S. 185 ff., Müller/Christensen/Sokolowski, Rechtstext und Textarbeit, 1997, S. 19 ff., 42, 74, 166; Müller, Syntagma, 2012, S. 35, 38, 62 f.; Seelmann/Demko, Rechtsphilosophie, 6. Aufl. 2014, § 6 Rn. 29ff.; Rüthers/Fischer/Birk, Rechtstheorie, 8. Aufl. 2015, Rn. 677 ff.

但在我看来,这个错误不在于这个模式,而在于对刑法所表达含义的不恰当的具体化理解。含义不是给定的。与所有规则的柏拉图主义的实体性形而上学的理解相反,即使它披着实证主义的外衣,含义也不是静候足智多谋的语言使用者来发现的宝藏。① 相反,语言内涵是集体行动实践的结果。② 黑格尔使用“我,即我们;我们,即我”这个简单明了的著名表达为社会实践的基本结构披上了外衣。③ 因此,伦理实体固然在某种意义上是“预设”于众多个别主体之中的,也就是说,众多个别主体的各种行为和符号系统在他们的相互作用中形成了“精神本质”④,正是在此意义上,主体们已经以各种行为和符号系统的形式发现了伦理实体。然而,正

---

① Müller, Syntagma, 2012, S. 62; klarstellend auch Seel, Sich bestimmen lassen, 2002, S. 93; Stekeler-Weithofer, Philosophie des Selbstbewußtseins, 2005, S. 51.

② Oben S. 9 f.

③ Hegel, Phänomenologie des Geistes, in: ders., Werke, Bd. 3, 1986, S. 145.

④ Köstlin, Neue Revision der Grundbegriffe des Criminalrechts, 1845, S. 114.

是通过这些众多个体间无数相互关联和相互关切的行动,"意志的实质在有机的伦理世界中得到了发展"①。由此可见,迪尔凯姆(Durkheim)关于社会事实应被视为事物的建议②是失败的。③ 根据约翰·塞尔(John Searle)的说法,社会对象是"活动结构的占位符"(Platzhalter für Tätigkeitsstrukturen)。④ 正如众多个体依赖现有秩序一样,现有秩序反过来也因个体将其视为权威而得以延续和发展。

这也适用于意义的语言生产实践。"没有文字是自我朗读的"⑤,相反,就像每一种形式的实践一样,语言同样只存在于其实现中。⑥ 由于个体表达只在一种语言的

---

① Oben S. 114.

② Durkheim, Die Regeln der soziologischen Methode, 3. Aufl. 1994, S. 115.

③ Taylor, Das sprachbegabte Tier, 2017, S. 516.

④ Searle, Die Konstruktion der gesellschaftlichen Wirklichkeit, 1997, S. 67.

⑤ Fish, Das Recht möchte formal sein, 2011, S. 95.

⑥ Menke, Kritik der Rechte, 2015, S. 341; Stekeler-Weithofer, Philosophie des Selbstbewußtseins, 2005, S. 130.

实践中才有意义,[1]同样只有在实施中才有法律规范等规则。[2] 因此,语言“既不是先于说话者且独立于说话者的准自然事物,也不是由每个说话者及其意图赋予的纯人工的产物”[3]。这样的话,它既不符合从有生机的自然中所获得的个体发育模式,也不符合以工匠活动为标志的有目的的生产模式,[4]而是再现了杜塞尔多夫语言学家鲁迪·凯勒(Rudi Keller)所说的“第三类现象”[5]:个人的产品,其本身就是它们参与语言的产物。[6] 出于这个原因,意义生成规则既是预先确定的,又是由说话者支配的。[7] 它们适用于在当前语言实践中被视为具有相关性的范围和内容。这样在个别情况下,不可能对重复

① Seel, Sich bestimmen lassen, 2002, S. 93.

② Menke, Kritik der Rechte, 2015, S. 340.

③ Müller/Christensen, Juristische Methodik, Bd. 1, 11. Aufl. 2013, S. 225 f.

④ Keller, Sprachwandel, 4. Aufl. 2014, S. 25.

⑤ Keller, Sprachwandel, 4. Aufl. 2014, S. 87 ff.

⑥ Pippin, Die Aktualität des Deutschen Idealismus, 2016, S. 143, der diese Kennzeichnung auf Hegels „Geist“ bezieht.

⑦ Brandom, Wiedererinnerter Idealismus, 2015, S. 100 ff.

和新创造进行区分,[①]因为每个规则应用中都存在(或多或少微妙的)意义转变的可能性。[②] 在这一背景下,洞察规则应用活动的创造性特征似乎是不可避免的。[③]

这种认识排除了对"确认"过于狭隘的理解。对于给定的一般标准,无论是法律规定还是司法原则,这一标准如果不能最终确定其对个案的适用性,[④]那么它只能在与其相关的决定中以承认自己作为起点和归责点

---

① Möllers, Die Möglichkeit der Normen, 2015, S. 180; Müller/Christensen/Sokolowski, Rechtstext und Textarbeit, 1997, S. 123; Müller, Syntagma, 2012, S. 145f.; Somek, Rechtssystem und Republik, 1992, S. 353; Somek/Forgó, Nachpositivistisches Rechtsdenken, 1996, S. 161 ff.

② Möllers, Die Möglichkeit der Normen, 2015, S. 203; Müller/Christensen, Juristische Methodik, Bd. 1, 11. Aufl. 2013, S. 200; Müller, Syntagma, 2012, S. 128; Müller/Christensen/Sokolowski, Rechtstext und Textarbeit, 1997, S. 123; Taylor, Das sprachbegabte Tier, 2017, S. 480 f.

③ Müller/Christensen, Juristische Methodik, Bd. 1, 11. Aufl. 2013, S. 41 f., 228 f., 269 ff., 325; Müller/Christensen/Sokolowski, Rechtstext und Textarbeit, 1997, S. 31 f., 73, 107, 126, 140; Müller, Syntagma, 2012, S. 53, 61, 140 f., 338 f., 369; Somek/Forgó, Nachpositivistisches Rechtsdenken, 1996, S. 96 ff., 133 ff.

④ Möllers, Die Möglichkeit der Normen, 2015, S. 195, 278, 401, 421 f.; Müller, Syntagma, 2012, S. 81, 132; Somek/Forgó, Nachpositivistisches Rechtsdenken, 1996, S. 123, 164.

的方式予以确认(诚然,这在法治下是不可或缺的)。[①]在刑罚处罚行为中,确认甚至不是主要确认每个被考虑到的刑法条款本身,而是相信它们能按照既定的方法标准,进一步发展成为具体的决定规范。简而言之,确认的对象主要不是对规范的具体解释,而最重要的是一种复杂的辩护文化——[②]从专业发展中获得的理解,即如何以正确的方式在不具有刑罚处罚性与具有刑罚处罚性之间划清界限。我将在接下来给出更详细的说明。

2. 作为辩护领域产物的刑法

意义是解释的结果。因此,他们预设了解释的标准,或者,正如我之前提到的评价方案:[③]规范相关行为

---

① Zu dieser Funktion des Normtextes Müller/Christensen, Juristische Methodik, Bd. 1, 11. Aufl. 2013, S. 149 f. ,186,202,234,242,288; Müller/Christensen/Sokolowski, Rechtstext und Textarbeit, 1997, S. 32 f. ,71,117 ff. ; Müller, Syntagma, 2012, S. 70 f. ,81,95,105,113,145,369 ff.

② Vgl. Müller/Christensen, Juristische Methodik, Bd. 1, 11. Aufl. 2013, S. 172,197 f. ; 271; Müller/Christensen/Sokolowski, Rechtstext und Textarbeit, 1997, S. 27,35,135 f.

③ Oben S. 21 f.

领域中意义归属的标准。与刑法相关的解释方案就是刑法。[①] 但由谁来确定它的确切内容呢？对此，“立法机关”这个经典答案并非充分的事实，几乎没有其他法律题材能比刑法总论更能找到如此明确的说明。将刑法总论与实际的相关性进行衡量，它的法律规定数量几乎少得离谱。然而，对判例的引用，尤其是德国最高法院和高等法院的判例还远远不够，尽管对个别具体问题，任何严肃教义上的贡献，都源于正视和重视对最高法院观点的分析和研究。尽管如此，他们在解释方面却没有垄断。一方面，每个教义性的说法都声称自己对所处理的问题提供了所有可能的最佳解释。[②] 另一方面，（最高）法院判决可能会得出一个具体

---

① Oben S. 24.

② Neumann, in: Kaufmann/Hassemer/Neumann (Hrsg.), Einführung in die Rechtsphilosophie und Rechtstheorie der Gegenwart, 8. Aufl. 2011, S. 342; ders., Recht als Struktur und Argumentation, 2008, S. 90; Luhmann, Das Recht der Gesellschaft, 1993, S. 366 f.

的法律争议结论，却不能讨论它所依据的法律问题。[①]法院的决定是如何从这个讨论过程中作出的，法院对此并不关心。一个在很大程度上削弱了专业领域所采用的正当理由标准的司法机构，其在危及自己社会权威的同时，也将其专业声誉置于了危险之中：[②]与安东尼·达夫在臣民刑法（Untertanenstrafrecht）中指出的一样，[③]人们服从于司法机构，是因为它拥有权力，而不是因为人们将其视为实践法律理性的一种受人尊敬的媒介。无论是肯定的还是批评的，德国最高法院非常重视处理他们认为值得注意的文献中的声音，这是有其充分理由的。

“刑法”不应被简单地理解为一套仿佛自由浮动的规范秩序，而是应像语言本身一样被以一种面向使用的方式来理解。也就是说，只有将“刑法”理解为一种

---

① Müller/Christensen/Sokolowski, Rechtstext und Textarbeit, 1997, S. 168 ff.; Müller, Syntagma, 2012, S. 52 f., 97 f., 371.

② Somek/Forgó, Nachpositivistisches Rechtsdenken, 1996, S. 193 f.

③ Oben S. 34.

社会实践的高度流动的浓缩物,[①]其内容永远无法被明确界定的时候,这些结论才是合理的。“每个细节都是行动,没有任何事情会自行发生。实干的法学家必须通过辩论来决定一切。”[②]正如语言已经不是赋予说话者的一套规则框架,而是一个通过权力斗争不断改变的[③]“意义建构程序”,[④]刑法的规范化和评价同样不是客观地给予专门从事其解释的解释领域的成员。相反,他们

---

① Näher Möllers, Die Möglichkeit der Normen, 2015, S. 203,180 ff.,250 ff., Müller/Christensen, Juristische Methodik, Bd. 1, 11. Aufl. 2013, S. 209,223ff.,345f.; Müller/Christensen/Sokolowski, Rechtstext und Textarbeit, 1997, S.26f.; Müller, Syntagma, 2012, S. 66,387,391; Christensen, Was heißt Gesetzesbindung?, 1989, S. 277ff.; Somek, Rechtssystem und Republik, 1992, S.330ff.; Somek/Forgó, Nachpositivistisches Rechtsdenken, 1996, S. 96ff.,107ff.,133ff. – Das Gleiche besagt im Ergebnis Luhmanns Theorie sozialer Systeme (vgl. Luhmann, Das Recht der Gesellschaft,1993, S. 40 ff.).

② Müller/Christensen, Juristische Methodik, Bd. 1, 11. Aufl. 2013, S. 209.

③ Hampe, Die Lehren der Philosophie, 2014, S. 141; Bourdieu, Was heißt sprechen?, 1990, S. 35 f.,72.

④ Christensen, Was heißt Gesetzesbindung?, 1989, S. 278.

"依赖公共语言斗争中相互冲突的定义尝试",[①]其中由在级别和权重上差异很大的个体行为者[②]提出解释建议,然后被其他行为者采纳、拒绝或更改。[③] 在这场"语义之战"的框架内,[④]各种相互关联的陈述纠缠在一起,[⑤]每一个意义的归属,无论是明确的还是隐含的,都包含有对那些因此被抛弃的替代解释的拒绝。[⑥] 命题"一切规定都是否定"(omnis determination est negatio)在此范围内同样有效。

---

① Hampe, Die Lehren der Philosophie, 2014, S. 141; Bourdieu, Was heißt sprechen?, 1990, S. 35 f. ,72.

② Zu den damit verbundenen Fragen Bourdieu, Was heißt sprechen?, 1990, S. 51 ff.

③ 我试图用变异、选择和稳定的基本进化类别来追踪这种解释斗争的过程。FS Paeffgen,2015,p. 21 ff.

④ Müller/Christensen, Juristische Methodik, Bd. 1, 11. Aufl. 2013, S. 198, 206, 268; Müller/Christensen/Sokolowski, Rechtstext und Textarbeit, 1997, S. 9, 58, 64, 66 ff. , 78, 105, 112 f. , 136; Müller, Syntagma, 2012, S. 20,148,348.

⑤ Möllers, Syntagma, 2012, S. 203.

⑥ Müller/Christensen/Sokolowski, Rechtstext und Textarbeit, 1997, S. 58,111; Müller, Syntagma, 2012, S. 146,364.

正如美国文学学者和法学家斯坦利·菲什(Stanley Fish)所指出的那样,尽管在任何给定的时间点都有广泛的领域是基本明确的,“这个核心是由它现在(尽管只是暂时的)控制的力量所创造的”①。因此,刑法是意见形成的机构,尤其是法院,在某一时间节点,而且在当时具有可能但原则上应该可以实现归责标准的缩影。诚然,并非所有可以想象的解释建议都可以实现,②但——正如我想在美国实用主义者威廉·詹姆斯(William James)之后要阐述的那样——只有那些被认为可以提出建议而且能够认真讨论的人,他们的讨论才有可能被整合到通常的专业讨论中。③ 无论如何,刑法,尤其像在德国这样被强烈教义化的刑法,其特点是,与强有力的

---

① Fish, Das Recht möchte formal sein, 2011, S. 187 (Hervorhebung im Original).

② 人们可能会谈到“方法论上的可能”(so Müller/Christensen/Sokolowski, Rechtstext und Textarbeit, 1997, S. 132 f.),这被理解为变体的丰富性,规范文本貌似也是允许的(Müller, Syntagma, 2012, S. 96)。

③ Vgl. James, Der Wille zum Glauben, in: Martens (Hrsg.), Philosophie des Prag-matismus, 2009, S. 129.

现实相比,其替代的可能性数不胜数。① 刑法的变化在于,其中一些可能性在现实中获得了力量——直到最高法院的判决为此发生了巨大改变——而其他可能性则从生机勃勃的降为死气沉沉的假设,即尽管在表面上那些立场仍然被讨论,但没有人再认真地相信它们的优越性了。② 严格来说,甚至每一个文献上或司法上的评论都会改变刑法的整个结构,因为它们增加了刑法的复杂性,尽管这只是在最低程度上。③ 以这种方式理解的刑法并没有明确的创造者。刑法的作者,如果这种情况下仍然想谈论刑法作者的身份的话——那么他更像是整

① Möllers, Die Möglichkeit der Normen, 2015, S. 292; Müller/Christensen, Juristische Methodik, Bd. 1, 11. Aufl. 2013, S. 197 ff. ,321, 349 ff. ; Müller, Syntagma, 2012, S. 347.

② Vgl. James, Der Wille zum Glauben, in: Martens (Hrsg.), Philosophie des Pragmatismus, 2009, S. 131.

③ Benhabib, in: Broszies/Hahn (Hrsg.), Globale Gerechtigkeit, 2010, S. 432; Luhmann, Luhmann, Das Recht der Gesellschaft, 1993, S. 107; Müller/Christensen/Sokolowski, Rechtstext und Textarbeit, 1997, S. 119; Müller, Syntagma, 2012, S. 108; Somek/Forgó, Nachpositivistisches Rechtsdenken, 1996, S. 138.

个职业刑法专家的共同体。[①] 用法兰克福哲学家克里斯托夫·门克(Christoph Menke)的话来说:“每个实践参与者,而且只有实践参与者才是实践的决定者。”[②]

但实践的参与者,如何受制于那些没有办法对其解释的规范呢? 这难道不是一个悖论吗? 用决定论的话来说:这是一种伪装的决定论吗? 这绝非可能,因为其所声称的任意性在实践中并不存在。[③] 每个人都在一个已经形成文化的世界中行动、思考、感受和感知。[④] 他们象征性的秩序“将社会制度(无意识)存在的相关性划入个人”。[⑤] 因此,所有个人的知识和能力,甚至那些参与像刑法科学这样精致的实践形式的能力,都是以共享的知识和能力为条件的。[⑥] 即使最具创新性的举措也不是

---

① Vgl. Somek, Rechtssystem und Republik, 1992, S. 356 f.

② Menke, Kritik der Rechte, 2015, S. 341.

③ Ebenso Möllers, Die Möglichkeit der Normen, 2015, S. 314 ff.

④ Vgl. nur Borsche, in: Simon (Hrsg.), Zeichen und Interpretation, 1994, S. S. 117 f.; Müller, Syntagma, 2012, S. 96.

⑤ Vesting, Die Medien des Rechts, Bd. 3, 2013, S. 118.

⑥ Seel, Theorien, 2. Aufl. 2009, S. 117; Stekeler-Weithofer, Philosophie des Selbstbewußtseins, 2005, S. 92 f., 97.

凭空出现的。“相反，它建立在很久以前就形成的形式之上。即使是非常英勇的创新者，他也必须首先通过训练和社会化来学习之前已形成的东西，然后他才能孤军奋战”。[1] 对刑法问题分析和处理的每一个建议，都是在特定的法律社会化基础上提出的，[2]而且不可避免地会将其融入现有主题和思考中。[3] 它们不仅是个人的事件，而且总是社会的事件。[4]

科学表述不是个人的冥想练习，而得益于进行中的辩论，[5]这一事实强化了这种约束的作用。因此，他们声称，他们的根据如此充分，以至于所有参与讨论的人都应该接受它们。[6] 然而，在这样做时，单个讨论的参与者

---

① Dreyfus/Taylor, Die Wiedergewinnung des Realismus, 2016, S. 195.

② Somek/Forgó, Nachpositivistisches Rechtsdenken, 1996, S. 133 f.

③ Müller, Syntagma, 2012, S. 376.

④ Vgl. nur Knoblauch, Wissenssoziologie, 2005, S. 18; Luhmann, Gesellschaftsstruktur und Semantik, Bd. 1, 1993, S. 232; Dreyfus/Taylor, Die Wiedergewinnung des Realismus, 2016, S. 197 f.; Fish, Das Recht möchte formal sein, 2011, S. 52.

⑤ Luhmann, Das Recht der Gesellschaft, 1993, S. 364.

⑥ Oben S. 63.

却放弃了定义他贡献水平的能力,[1]因为“什么是某事的正当理由”,正如维特根斯坦所说,“这不是我决定的”,[2]而是交往参与者形成的公共舆论决定的。[3] 同样,在法的世界里,“如果它在正确的时间由正确的人以正确的方式呈现给有影响力的参考群体”[4],新的事物会到来,而不会在“所提及脚注的边缘”[5]或集体沉默的永恒坚冰中消亡。因此,如果不是出于个人信念,刑法学界的个别学者要避免有过于狂妄的幻想,至少为了争取在同龄人身上产生影响。[6] 相反,他努力地将不熟悉的

---

① Fish, Das Recht möchte formal sein, 2011, S. 64; Müller, Syntagma, 2012, S. 131.

② Wittgenstein, Über Gewißheit, Nr. 271, in: ders., Werkausgabe, Philosophische Untersuchungen, §§ 255 ff., in: ders., Werkausgabe, Bd. 8, 1984, S. 173.

③ Kopperschmidt, Argumentationstheorie zur Einführung, 2000, S. 69 f.; Müller, Syntagma, 2012, S. 414; Nida-Rümelin, Philosophieund Lebensform, 2009, S. 99, 134.

④ Toulmin, Kritik der kollektiven Vernunft, 1983, S. 319.

⑤ Kersting, Macht und Moral, 2010, S. 190.

⑥ Dazu eindringlich Müller/Christensen/Sokolowski, Rechtstext und Textarbeit, 1997, S. 94.

事物化为熟悉的事物,即保持与他的交往共同体在方法论和法律“可理解性潜力”(Plausibilitätspotenziale)[①]上的联系。[②]

出于这些原因,每个刑事法律科学上的论证“都预设了比方法论所能实现的更多的确定性”。[③] 但重要的是,它不可避免要考虑这样一个事实:现有的法律制度不能(不可以)做出任何改变,而只能为现有问题的解决方案提供——在功能上真正的和纯教义性的[④]——替代方案,而且能够从整体上掌握和说明现有法律材料的可

---

① Kopperschmidt, Argumentationstheorie zur Einführung, 2000, S. 66.

② Allgemein dazu Bourdieu, Was heißt sprechen?, 1990, S. 56 f.; Kopperschmidt, Argumentationstheorie zur Einführung, 2000, S. 81 f.; Tetens, Philosophisches Argumentieren, 2. Aufl. 2006, S. 61, 187; speziell für den Bereich des Rechts Christensen, Was heißt Gesetzesbindung?, 1989, S. 281 ff.; Rübben, Bedeutungskampf, 2015, S. 133.

③ Kopperschmidt, Argumentationstheorie zur Einführung, 2000, S. 80 (dort findet sich auch das obige Zitat); Spaemann, Philosophische Essays, 1994, S. 114 f.; aus rechtstheoretischer Perspektive Somek, Rechtssystem und Republik, 1992, S. 331 f.

④ Luhmann, Luhmann, Rechtssoziologie, 3. Aufl. 1987, S. 349.

理解性与可辩护性。无论多么敷衍地面对体制的权威来源和正当性标准,通过这个,每个提议的改变也证实了这个体制的权威性;[①]那么所有批评的——如果一个人喜欢这个词——论证都在于批评对所批评东西的依赖。[②] 通过特殊的方式,这种变化和稳定的双重效果适用于司法判决。因为尽管这些从一开始就重塑了法律现实,但在法律体系中的所有参与者中,他们都是最坚定地致力于保持连续性语义的群体。法院在个别案件的判决中是确认,还是否认被告的刑事责任并不重要。在这两种情况下,它们同样有助于再现合法标准的有效性。这些标准对具体法共同体中有关问题的专业评估进行了规范,即对是否将某一行为评估为对公民协力义务应受刑罚处罚性的拒绝进行了规范。

---

① Menke, Kritikder Rechte, 2015, S. 311 f.; Bourdieu, Was heißt sprechen?, 1990, S. 35 f.

② Stekeler-Weithofer, Philosophie des Selbstbewußtseins, 2005, S. 366.

3. 作为集体理性表现形式的刑法

就正当性理论而言,这一发现有一个重要的缺点。正如刑法不是若干个人的产品而是集体实践的产物一样,相反,每个确认这种实践具有决定性的个人行为都以某种方式代表了集体成就的终点,因为它赋予这种实践特定的含义,并为个人的表态框定了可能的范围。尽管让·保罗(Jean Paul)曲解了法学家的人生格言"检查一切,保留最坏的",①但无论从法的内部视角还是从以实践为导向的哲学角度来看,事情都是相反的。立法、判例和法律科学的相互作用,相互遵守,相互参照,以及必要时的相互纠正,表达了最大可能的法的理性,正如黑格尔所说,这是在"从四面八方交织于有限性"的定在条件下完全可以实现的(关键词:认知局限性、规范多元化和时间稀缺性)。② 归根结底,正是这种共同理性的作

---

① Jean Paul, Ideengewimmel, 1997, S. 157.

② Hegel, Vorlesungen über die Ästhetik I, in: ders., Werke, Bd. 13, 1986, S. 137.

用勾勒了受到刑罚威胁的协力义务与其内容相关的轮廓,而且赋予通过刑罚确认规范实践特定的尊严。

给予这种影响必要的空间,实际上是法共同体能够给犯罪人个人的最好东西。作为一个公民,他不能也不应该要求更多。

V. 综　合

1. 单个刑法学者的个人责任

单个刑法学者个人的行为被置于意义产生、选择和改变的集体实践中,这只造成他个人责任的相对化,但并没有使其责任消失。相反,正因为这种实践只存在于其个体的实现中,因此参与其中,尤其当受到像刑事司法这样严厉的制裁时,从正当化理论的角度来看,这种参与从来都不是无辜的。即使在这里是在人类行为学分析的基础上进行概述,对刑法的专业研究也必须在是否以及如何承担个人责任方面进行。① 出于这个原因,对在这个领域工作的人来说,他们必须将刑法知识作为他们生活的反思主题,从而尽可能地融入他们跨角色的自我理解中。单个刑法学者越是顺利地完成这种整合,他就越愿意接受他个人对刑法决定活动的共同责任。我想,这个论题也需要进一步解释。

2. 以同一性均衡为目标

在 17 世纪和 19 世纪之间,在我们倾向于称之为西方的那部分世界中发生了一次重大的社会转型。卢曼将其称为从分层到功能分化的过渡。② 在分层社会——等级社会(Standesgesellschaften)——社会表现为等级制度。③

---

① Müller/Christensen, Juristische Methodik, Bd. 1, 11. Aufl. 2013, S. 191,285 f.; Müller, Syntagma, 2012, S. 77,101,393 f.; Neumann, Recht als Struktur und Argumentation, 2008, S. 331; Pawlik, Das Unrecht des Bürgers, 2012, S. 43 f. m. w. N.; Somek/Forgó, Nachpositivistisches Rechtsdenken, 1996, S. 131 f.

② Luhmann, Gesellschaftsstruktur und Semantik, Bd. 1, 1993, S. 72 ff.

③ Luhmann, Die Gesellschaft der Gesellschaft, Bd. 2, 1997, S. 679.

在这里，等级（Standeszugehörigkeit）具有多功能性效应：它捆绑了社会几乎所有功能领域的优势或劣势。① 相反，只要功能本身不排除这一点或使之变得毫无意义，那么向社会生活中的每一个参与者开放所有的功能，就符合功能区分的逻辑。② 因此，整体系统放弃了对各功能系统之间关系的任何顺序规范。③ 福柯（Foucault）将这一发现升级为对话语事件根本不连续性的断言，这种话语事件通过将主体撕裂成多种可能的位置和功能，从而使其解体。④

然而，这可能是出于对仓促论证的渴望而产生的夸张。确实，人是高度复杂的存在，他可以同时理解和定位自己的不同秩序和角色。⑤ 尽管如此，个人不能将自

---

① Luhmann, Die Gesellschaft der Gesellschaft, Bd. 2, 1997, S. 679.

② Luhmann, Gesellschaftsstruktur und Semantik, Bd. 1, 1993, S. 168.

③ Luhmann, Die Gesellschaft der Gesellschaft, Bd. 2, 1997, S. 746.

④ Foucault, Die Ordnung des Diskurses, 1991, S. 37 f.

⑤ Hampe, Die Lehren der Philosophie, 2014, S. 226.

己局限于使用“多个名片”[①]的操作,而不注意协调各种角色的要求。这样的话,他将无法辨认他的各种身份的主体。他将是一个完全无效的(quelque façon nul)、一个沦为他各种角色的被动承担者的个体,他如何能够在不同的期望之间来回灵活地转换,并将它们的要求纳入生活的统一体中?这一点仍然令人费解。[②]

值得注意的是,这里的问题不仅仅是务实地应对生活的能力,还有体验生活存在意义的能力。只要社会把个人视为一个他必须适应的有序整体,那么他的生活就有可能因为他不具备所需的能力而失败。然而,他的生活是否有意义这个问题,在这样一个社会中并没有存在的空间。[③] 当社会作为一种复杂的事物出现时,情况就不同了,人们必须以个人的、偶然的与选择性的方式与

---

① Descombes, Die Rätsel der Identität,2013, S. 42.

② Descombes, Die Rätsel der Identität, 2013, S. 45; Hampe, Die Lehren der Philosophie, 2014, S. 403; Seel, Sich bestimmen lassen, 2002, S. 288; Seel, Aktive Passivität, 2014, S. 24; Taylor, Negative Freiheit?, 1988, S. 38.

③ Taylor, Das sprachbegabte Tier, 2017, S. 351.

之发生联系。[①] 现在,个人必须学会把自己的行为与几个社会系统联系起来,并把它们不平衡的要求统一到个人的行为综合体(Verhaltenssynthese)中,即一个连贯的自我表达。[②] 因此,他必须形成一个"有区别的、悬而未决但仍连贯的自我同一性(Ich-Identität)" [③] ——不仅在理论建构意义上,而且在实践中也是如此。[④] 如果他在这种"对自己的整合努力"中失败了,[⑤]这种失败不仅会受到社会的认可,而且会受到心理上的认可。自己的生活没有连贯性,或没有融合成一个整体,对此,谁不觉得极其痛苦呢?[⑥]

这并非要提倡一个非广延的、非物质的"真实自我"的实体主义自主活动(Verselbständigung),一个超越各

---

① Luhmann, Gesellschaftsstruktur und Semantik, Bd. 3, 1989, S. 225.

② Luhmann, Grundrechte als Institution, 3. Aufl. 1986, S. 53; ders., Ausdifferenzie-rung des Rechts, 1981, S. 334.

③ Höffe, Die Macht der Moral im 21. Jahrhundert, 2014, S. 128.

④ Luhmann, Gesellschaftsstruktur und Semantik, Bd. 3, 1989, S. 223.

⑤ Descombes, Die Rätsel der Identität, 2013, S. 35.

⑥ Taylor, Das sprachbegabte Tier, 2017, S. 603.

种身份的人外人(Homunculus)进行指挥来确保它们之间的秩序。继我之前在论述开始时对行动论所做的考虑,单个行为人只是被赋予——或者更好的是被信任——有动用行为根据的分级层系统的能力,①并且在第二个评价阶层中,再次区分对个人角色要求的方向与对跨角色一致性要求的方向。"每一个意愿的背后都有一个更高层次的意愿,每一个选择的背后都有一个自我选择。"②但这个自我是具体的我,它必须将其个人意愿与其自我选择预先确定的一般"方向感"保持一致。③

请不要误解"自我选择"这种说法。我绝不会主张从自己的生命深处提取无先例的自我发明(Selbsterfindung)的想法。所有的知识,即使是所谓的最私人的知识,都是由社会构成的;④鉴于"历史性的社会先验的现实"⑤,作

① Oben S. 8.

② Honnefelder, Was soll ich tun, wer will ich sein?, 2007, S. 26.

③ Honnefelder, Was soll ich tun, wer will ich sein?, 2007, S. 53.

④ Oben S. 66 f.

⑤ Luckmann, Theorie des sozialen Handelns, 1992, S. 161.

为有意义的最终有效的实例,理性主体的自我赋权来自“启蒙运动的幻觉”①。相反,在呈现给他的自我选择中,个人在很大程度上是从给定的社会资源中汲取灵感,并接受和改变了这些资源。② 他实现自己的独特性,“不是在偏离,而是在对他与所有人的共同点的获取和细微差别中”③。

我也并非在暗示自我形象是一个与法律结构相类似的实体,是个人在其生命的某一时刻孵化出的自我形象,以便从那一刻起将其应用于未来的行为决定和评价。当涉及个人同一性的形成(Identitätsbildung)和维护问题时,实证主义的涵摄模式(Subsumtionsmodell)甚至比在法律背景下更不合适。④ “一个人怎样才能认识自己?绝不是通过沉思,而是通过行动。”⑤一方面,只有

---

① Vesting, Die Medien des Rechts, Bd. 3, 2013, S. 76.

② Vgl. nur Luckmann, Theorie des sozialen Handelns, 1992, S. 98 f.

③ Ritter, Notizhefte, 2010, S. 34.

④ Dazu oben S. 59 ff.

⑤ Goethe, Maximen und Reflexionen, 1976, S. 93.

我的行为才能教会我和其他人相比,我真正想成为什么样的人。另一方面,“单纯愿意的桂冠”只是“从未青翠过的枯叶”①。在个人行为的具体化和确证(Konkretisierung und Bewährung)过程中,自我形象呈现出一种始终是临时性的、可修正(Revision)的与可更改(Modifikation)的形式。② 在这方面,自我选择不是一个单一的行为,而是一个与日常生活并行不悖的过程,尽管其模糊、多变,但其作为个人同一性的前提条件是不可或缺的。

早在20世纪初,哲学家、社会学家格乔治·齐美尔(Georg Simmel)就分析了现代人多样化、不协调的角色期望与对统一意义的需求之间的冲突。他将这种需要理解为一种“泛生论”(Panbiotismus)③状况的表达,这种泛生论基于泛神论(Pantheismus),泛神论认为存在的统一整体可以在其各个组成部分中看到。齐美尔意识

---

① Hegel, Grundlinien der Philosophie des Rechts, in: ders., Werke, Bd. 7,1986, §124 Z (S. 236).

② Honnefelder, Was soll ich tun, wer will ich sein?, S. 82 f.

③ Simmel, Das individuelle Gesetz, 1987, S. 209.

到，生活只有在当下的时刻才具有现实性。然而，他提醒我们，“这一刻不是孤立的，而是绝对连续地与所有其他时刻相连在一起的”①。结果，“生活的每一刻，每一个行为与行动都是生活的全部”②。“即使我们行为的外在表现出非常明确的界限，但内在的生活不是由谎言、勇敢的决议、放荡、慈善等组成的，而是一个持续不断的滑行，其中每一刻都代表着不断形成、重塑的整体，没有任何部分与其他部分之间存在清晰的界限，每个部分仅在整体中并从整体中显示其意义”③。

然而，这种意义——根据齐美尔进一步的说法——是持续整合的结果。因为人“感觉自己是中心，按照人格的逻辑，和谐地安排他周围的所有生活内容”④，所以他被设计为一个有教养的状态（Zustand der Kultiviertheit）。“当我们在自己身上发展了这种或那种单独的知识或技

---

① Simmel, Das individuelle Gesetz, 1987, S. 207.

② Simmel, Das individuelle Gesetz, 1987, S. 207.

③ Simmel, Das individuelle Gesetz, 1987, S. 188.

④ Simmel, Das individuelle Gesetz, 1987, S. 136.

能时，我们才是有教养的；而只有当所有这些都服务于那个与之相联系但又与之不相一致的精神中心的发展时，我们才是有教养的”①。从术语上看，齐美尔的言论是以观念论的新人文主义（Neuhumanismus）为基础的，这种观念论在席勒（Schiller）著名的就职演说中得到了标志性的表达。② 然而，目前在这个问题上，它们描述的是一项不折不扣的主题性任务。慕尼黑的哲学家迪特·亨利希（Dieter Henrich）最近找到了一个雄辩的拥护者。齐美尔的教养状态在亨利希的“同一性均衡”（Identitätsbalance）概念③下回归。这“无非是基于在生活各个方面成为主体的稳定性，以及他在自己所处世界中与人在一起的存在”④。根据亨利希的说法，“人如何行动，以及如何在行动中理解自己，是由这种在彼此

---

① Simmel, Das individuelle Gesetz, 1987, S. 118.

② Vgl. Schiller, in: ders., Sämtliche Werke, hrsg. von Fricke/Göpfert, 6. Aufl. 1980, Bd. IV, S. 753.

③ Henrich, Denken und Selbstsein, 2007, S. 221.

④ Henrich, Denken und Selbstsein, 2007, S. 217.

相处的方式中寻找内在平衡的过程决定的，也是由他们在角色认知中所追求的目标决定的"①。

同一性均衡的目标只能由那些努力将他们所认可的个人价值信念在其判断和行动中整合成一个统一整体的人来实现。② 美国法律哲学家罗纳德·德沃金（Ronald Dworkin）着重呼吁进行这种努力。"我们的观点最初没有得到充分的阐述，彼此孤立、抽象，因此漏洞百出。为了不辜负我们的责任，我们必须用批判的眼光来解释那些乍看起来对我们最具吸引力和最自然的信念，并发展出更具体的观点，以尽可能地保持其完整性和真实性。在可能的范围内，我们必须始终考虑所有其他的信念，同时必须考虑在我们看来直觉上正确的生活方式。"③因此，同一性均衡模式补充了我之前用存在主

---

① Henrich, Denken und Selbstsein, 2007, S. 222.

② Näher Brandom, Wiedererinnerter Idealismus, 2015, S. 27 ff. ,44 ff. ,152 ff. ; Dworkin, Gerechtigkeit für Igel, 2012, S. 174 ff. ; Nida-Rümelin, Über menschliche Freiheit, 2012, S. 48.

③ Dworkin, Gerechtigkeit für Igel, 2012, S. 187.

义解释的本体论的整体主义(ontologischer Holismus),[1]并从中衍生出一种义务理论的整体论,根据该理论,每一项单独的义务都是以它与所有其他可能的义务之间的关系为中介的。[2]

然而,德沃金本人认为,个人可能永远无法成功地完全完成这一整合的任务。[3] 即使取得最一致的哲学也不能忽视这样一个事实,即根据苏黎世哲学家米夏埃尔·汉普(Michael Hampe)的说法,人类的生命形式不是由推理来组织的,与理论相比,其更像是风景。[4] 然而,刑事司法毕竟不只是任何一种生活方式。一方面,它是汉普所认可的例外情况之一,其知识概貌实际上是

---

① Oben S. 14.

② Brandom, Wiedererinnerter Idealismus, 2015, S. 154 f.; Taylor, Das sprachbegabte Tier, 2017, S. 49 f.

③ Dworkin, Gerechtigkeit für Igel,2012, S. 188.

④ Hampe, Die Lehren der Philosophie, 2014, S. 149. – In diesem Sinne auch Geuss, Kritik der politischen Philosophie, 2011, S. 13 f.; Luckmann, Theorie des sozialen Handelns, 1992, S. 68 ff.; Seel, Sich bestimmen lassen, 2002, S. 95.

以理论的形式组织起来的。[①] 另一方面,参与刑事司法在个体行为者的整体身份中具有突出的地位。这是因为,他的行为并非没有结果,而是决定行使国家刑事强制力的依据,或者(对从事学术研究的刑法学者而言)至少应该被用作依据,并以这种方式促进整个体系的延续,所以他的责任远远超出了普通人文学者的责任。[②] 如果宣布这里创建同一性均衡的努力是多余的,那么就是在提倡不负责任的态度。

3. 以诚信生活为原点目标

到目前为止,上面反复提到的"必须",在一个重要方面还没有得到充分的确定:它是否仅仅表达了一种从广义上理解的促进个人福祉的审慎义务(Klugheitspflicht),或者除此之外,甚至是一种完全有效的伦理义务——这里伦理能否被理解为有关正确生活方式的学说呢?[③] 一

---

① Vgl. Hampe, Die Lehren der Philosophie, 2014, S. 234.

② Pawlik, Das Unrecht des Bürgers, 2012, S. 43 f.

③ Diesen Ethikbegriff übernehme ich von Dworkin, Gerechtigkeit für Igel, 2012, S. 33.

方面只有第一种解释符合当今实践哲学的主流，即拒绝所谓针对自己的义务。另一方面，德沃金则支持第二种解释（zweite Lesart）。

与其他许多当代哲学家努力争取直接获得自由的现代指导价值相比，[①]德沃金把他最后一部伟大作品《刺猬的正义》（Gerechtigkeit für Igel）建立在“希腊理想”（griechische Ideal）的基础上，主张以争取诚信为特征的成功生活方式。[②] 用德沃金的话来说，我们必须将我们的生活理解为“我们可以容忍的连贯的叙述或和谐的风格”[③]。这种努力对德沃金来说是如此的重要，以至于他将其提升为伦理义务的对象。[④] 他直接指出，如果不接受这种针对我们自己的义务，我们实际的自我关系的基本类别，即自我尊重，就会变得软弱无力。[⑤] 因为我已经

---

① Exemplarisch Honneth, Das Recht der Freiheit, 2011, S. 36 ff.

② Dworkin, Gerechtigkeit für Igel, 2012, S. 43.

③ Dworkin, Gerechtigkeit für Igel, 2012, S. 346.

④ Dworkin, Gerechtigkeit für Igel, 2012, S. 331.

⑤ Dworkin, Gerechtigkeit für Igel, 2012, S. 345.

向自己展示了一种友好,我可能喜欢自己,但我不能尊重自己。只有当我能够接受,在我的行为中我对"我想成为谁?"[①]这个问题给出的答案是好的和合理的,只有当我发现我的生活中反映出一些普通的东西(无论它所创造的表象是多么微弱)的时候,我才能尊重我自己。因此,对诚信生活的要求,对同一性均衡的要求,实际上就是所有义务中最基本的义务。用图宾根的哲学家奥特弗里德·赫费(Otfried Höffe)的话说,这种要求就是"首要的应当"(Proto-Sollen)本身。[②] 整个实践哲学的建构,包括哲学上反映的刑事法律科学,都是基于这一义务构建的。

4. 自我封闭与整合需要之间的刑事法律科学

当然,我并不想谈论刑法的全面道德化或政治化。法学家最重要的美德之一是马克斯·韦伯(Max Weber)

---

① Taylor, Das sprachbegabte Tier, 2017, S. 402 f.

② Höffe, Kritik der Freiheit, 2015, S. 356.

已经援引过的“道德纪律和自我否定”,这表现在执行对他来说似乎是错误的规范性要求,就好像它们符合他自己的信念一样。① 因此,默勒斯(Möllers)直接将其描述为每个现代法律体系的关键点之一,即通过程序规则和组织结构使自己免受基本哲学问题的影响;②德沃金也同样高度重视政治权威和司法的可靠性。③

就像在上一节中一样,我在这里只关心揭示对刑事司法活动进行朴素实证主义理解的不足之处。在我看来,实证主义关于法和道德陈述可以严格分离的断言,其错误程度不亚于实证主义涵摄模式对存在与使用无关语言规则进行的预设。④ 由于刑法的专业从业者不仅

---

① Max Weber, Gesammelte Politische Schriften, 4. Aufl. 1980, S. 524 f.

② Möllers, Die Möglichkeit der Normen, 2015, S. 39; ebenso Neumann, Recht als Struktur und Argumentation, 2008, S. 277.

③ Dworkin, Gerechtigkeit für Igel, 2012, S. 695. – Dies wird vernachlässigt in Möllers'Dworkin-Kritik (Möllers, Die Möglichkeit der Normen, 2015, S. 298 ff.).

④ Im Ergebnis wie hier Somek/Forgó, Nachpositivistisches Rechtsdenken, 1996, S. 104 ff.

是律师,而且正如宾丁所说的,也可以是一般人,①因此必须努力建立同一性均衡,实践推理领域并没有表现出突然的不连续性,相反,用德沃金的话说,是一种"树状结构"(baumartige Struktur)②。因此,将刑法与其社会环境的意识形态与政治文化隔离开并不能获得适当的刑法概念,相反,只有在更广泛的社会和政治标准网络的框架内,允许刑法学者尝试为他们对刑罚的正当化说明和评价找到最佳的理由。③ 在这个意义上(也只有在这个意义上),法律可以被描述为"政治的一种特殊形式"(在宪政国家中得到了强化和明确的阐述)。④

鉴于这种关系,刑法不仅在个别方面超越了实证的法律材料和既定的解释规则——尤其是在处理政治灾难和填补模糊的法律概念时,这不仅是刑法不可避免

---

① Vgl. Binding, Strafrechtliche und strafprozessuale Abhandlungen, Bd. 1,1915,S. 4.

② Dworkin, Gerechtigkeit für Igel, 2012, S. 20,685.

③ Dworkin, Gerechtigkeit für Igel, 2012, S. 684.

④ Müller/Christensen, Juristische Methodik, Bd. 1, 11. Aufl. 2013, S. 45.

的,也是合理的。通过努力将刑法教义学这一特定科学学科的思维过程与对人类生活现实的全面理解联系起来,它从一开始就通过采用一种超越这些法律材料的视角来定义。法律实证主义分离的论点,即法律和道德完全相互独立这种论点,可以说是从内部被推翻了。

因此,刑事法律科学陷入了学科自我封闭和过度整合需求之间的一种紧张的关系中,这一关系是由专业化与个体化这两大社会趋势之间的冲突引起的。在教义学的日常活动中,这种紧张关系是不被关注的,而且通常也不应该被关注。[①] 在我看来,刑法的基本问题——犯罪论的关键范畴与刑罚的正当性——一直被争论不休,这只能解释为相关人员努力将刑法的评价和论证与更深远的对世界的理解和对生活的追求的概念之间建立尽可能好的、最令人信服的关系。[②] 这就是我所说的同一性均衡的需要。

---

① Fish, Das Recht möchte formal sein, 2011, S. 272 f.; Somek/Forgó, Nachpositivistisches Rechtsdenken, 1996, S. 22 ff., 148 ff.

② Näher Pawlik, GA 2014, 373 ff.

Ⅵ. 认真对待彼此

归根结底,刑罚报应性与预防性根据之间的争论最终是基于我们想成为什么样的人这一问题,无论是作为个人还是作为一个群体。预防论旨在将刑法纳入打击危险与控制行为的综合制度中,①从而将规范对象的同一性降低到其有效控制的条件。② 因此,在知识渊博的引导者与那些为了公共利益而尽可能被引导的人之间存在本体论和规范上的不平等关系。这表达了一种非常可疑的专家式的精英主义,虽然在关于刑罚理论的讨

---

① Dazu die Beiträge von Singelnstein, Kaspar und Burghardt in: Brunhöber (Hrsg.), Strafrecht im Präventionsstaat, 2014, S. 41 ff., 61 ff., 83 ff.

② Pawlik, Das Unrecht des Bürgers, 2012, S. 82 ff.

论中并非没有注意到这种精英主义,[①]但几乎没有人把它作为一个问题进行全面的讨论。与预防学说这种实质上的粗糙柏拉图主义(subkutanes Schrumpfplatonismus)相反,我在这里提出的思考是基于一种明显的反精英主义的立场。[②] 与柏拉图相反,在康德和黑格尔之后,[③]根据这种态度,“没有深奥的专门知识,只有每个人都拥有的一般理性,哪怕它只是朦胧的理性。”[④]

这就是为什么我相信,为了能够充分地理解犯罪与刑罚的顺序,我们首先需要一个充分的概念,即什么是行为主体,以及个人行为如何在集体实践中得到扬

---

① 例如,宾丁对李斯特的论战。李斯特的特殊预防性惩罚概念参见 Pawlik, in: Kubiciel u. a. (Hrsg.), Karl Binding: Normtheoretiker, Rechtspositivist, Strafrechtsdogmatiker。对积极一般预防理论的反对意见参见 Pawlik, Das Unrecht des Bürgers, 2012, S. 81 f. m. w. N。

② Dazu bereits oben S. 55.

③ Vgl. Kant, Kritik der praktischen Vernunft, AA, Bd. 5, 1908, S. 8; Hegel, Grundlinien der Philosophie des Rechts, in: ders., Werke, Bd. 7, 1986, S. 13 ff.

④ Höffe, Kants Kritik der praktischen Vernunft, 2012, S. 31 (dort bezogen auf Kant).

弃——从而完全在黑格尔式的“结束”与“保持”的双重意义上适用该词。① 需要注意的是，这种理解不仅必须适用于犯罪人，而且必须适用于避免自己陷入矛盾的判断者。在我的演讲过程中，我试图向你们解释这种理解在我看来是什么样的。甚至在任何分离为犯罪者和惩罚者的个体之前，我们就已经是在复杂的符号系统中采取立场并行动的人，简而言之，与马丁·西尔的说法类似：我们是被规定的规定者。② 因此，在我看来，一种刑罚理论要能让人信服，就必须认真对待我们采取立场的能力，并因此尊重我们规定自己和规定自身世界的能力，尽管我们所面临的背景并非可以受到我们的掌控。我希望我提出的报应性刑罚理论可以做到这一点。但是，我至少想为摆脱两个流行语的乒乓球游戏——一方面是“报应”，另一方面是“预防”——指明方向，并在所有复杂性中重新审视刑罚的正当性问题。

---

① Vgl. Hegel, Wissenschaft der Logik I, in: ders., Werke, Bd. 5, 1986, S. 114.

② Seel, Sich bestimmen lassen, 2002, S. 146 ff., 285 ff.

译者后记

一个人之所以是他自己而不是别人,这是因为他拥有不同于其他人而属于自己的“同一性”。我之所以是我,是因为我不是你。同一性从一开始就确定了关系的另一方,“这个人”只有相对于边界另一边的“那个人”才能确定自己的“同一性”,因此同一性总是相对于另一个的同一性。将自我作为主体的对象,这与康德在其批判哲学中所提出的“只能将自身视为其规定的主体”的概念是矛盾的。实际上,主体在说出“他自身”这样的空洞陈述,远不足以触及自我,每一概念上的自我从一开始就已经处于一种与他者的自我关系之中。而在这种关系中,每个主体无时无刻不扮演着他所理解的属于自己的角色。因此,作为关系概念,“同一性”是一种作为实践性的自我关系。

在同一性关系中，实践主体必须通过规范来塑造自己与所处环境的关系。这意味着他应积极地将外部环境视为自我存在的有利条件，而这反过来同样要求他认可同一性的表达，并将其以外化的方式塑造自己的行为。对实践主体来说，只有把其他人与自己一样视为实际理性的存在者，他才能将自己视为一个实际的主体。事实上，任何想成为主体但拒绝同一性的人都是自相矛盾的，实践主体的存在必须以相互承认同一性为前提。只有在相互承认中，每个实践主体的个人权利与自我实现才能在社会中成为可能。相应地，社会才能够将发展和稳定作为实践主体的身份，即自由成为现实。与每一种相互承认的关系一样，实践主体与支持和维护自由的社会实践与制度之间必须是循环的，因此声称自由的实践主体必须承认他所依据的实践和制度，并且通过在社会中的行动来创造主体间的同一性。

以上内容构成了帕夫利克在《规范确认与同一性均衡——论国家刑罚的合法性》中进行论证的理论前提。

相对于《公民的不法》这样的鸿篇巨制，同样作为帕夫利克代表作的《规范确认与同一性均衡——论国家刑罚的合法性》在我们中国读者看来并不像是一部严格意义上的专著，因为 86 页的原书并没有我们理解的属于一本专著应有的“厚重”。但是，这并不影响其在学术界的认可度以及对相关理论讨论的贡献！在习惯于以产出多少部“厚重”专著论学术贡献的时代，本书再次表明了即使篇幅“单薄”，但论证内容及理论贡献也可以如此“厚重”的事实。在这背后，更多的是德国学者对自己学术事业的理解，以及将学术研究作为学者寻求真理这一使命的认同。一个学者从别人那里获得尊重，并不是因为他获得和占有了相当的知识，而是因为他通过自己的研究为更多的人能够自由和有尊严地生活在努力，从而避免了将自己沦落为一个从不关心真理和道德的食客。这，或许是那些真正想要执着于学术研究的中国同行在思考自己学术事业时更应当面对的选择。

对这样一本看似简单，甚至在一两个小时内便可“轻松”翻阅的“小书”，即使对于想要真正理解其思想的德国读者都面临各个方面的挑战，更何况与德国文化不同的中国读者。对我们来说，这些挑战并非只是背景知识的欠缺和论证逻辑的差异。无数的经验表明，阅读和思考对自己来讲并不熟悉的知识时，大多数人本能地选择排斥甚至拒绝。但对那些真正有学术使命感的学者来说，阅读更多是为了在内容和论证上给自己带来启发和思考。如果选择本能地排斥甚至拒绝，作为学者的我们将放弃更多在科学研究中带给自己“惊讶”的任何可能。在农耕文化得以延续数千年的文化群落中，经验和实用客观上已经扼杀了太多这片土地上本应有的对所有科学的“惊讶”。但走向明天的人类文明不会给这种农耕文化留下太多的机会，即便这种文化延续了数千年。对刑事法律科学来说，与当今学术自信致力于理论本土化的远大抱负相比，珍惜科学研究中每一个带给自己“惊讶”的机会，将目光更多地转向带来科学和文明的方向，这或许才是当今中国每一个真正拥有抱负的刑法学者的真正使命！

将这样一本内容相对紧凑，而语言又异常艰涩的书翻译成中文,尽管用于语言转换的翻译时间非常有限,但对译者来说,要真正理解这本看似简单的书却并非简单。相信任何面对自己不熟悉的知识却依然抱有“惊讶”的读者,在耐心反复阅读和思考这本书后,领略到的将是从一个更高的视角表达刑法学基本概念的科学魅力!对所有在刑事法律科学研究道路上怀有抱负的人来说,“惊讶”是每个人迈出坚强步伐的第一步。

翻译本书过程中,樊文教授、汤沛丰博士和黄钰洲博士对相关词语的理解和翻译一如既往地提供了诸多无私的帮助。作为帕夫利克教授的学生,拥有专业哲学知识背景的汤沛丰博士和黄钰洲博士非常认真地校正了全部译文。舒国滢教授、陈兴良教授、冯军教授、劳东燕教授、江溯教授和王志坤主任对本书的翻译和出版给予了诸多鼓励和帮助。在本书出版过程中,北京师范大学法学院的梁迎修教授、阴建峰教授、何挺教授和李山河副教授都给予了慷慨的帮助。我也感谢赵秉志教授,他对本书的出版和资助做了诸多烦琐的工作。法律出版社的编辑张岩博士,她一如既往地在本书出版中展现了她令人敬佩的专业能力与对学术传播事业的使命感。她精益求精、严肃认真的专业编辑工作为本书的高质量出版提供了根本的保证。

文明延续至今,人类面临的挑战早已跨越国家、文化和种族。仰望星空,你和我的同一性是繁星下的共同命运!

赵书鸿

2023 年 1 月 27 日于弗莱堡